Wenn Zwänge das Leben einengen

Nicolas Hoffmann · Birgit Hofmann

Wenn Zwänge das Leben einengen

Der Klassiker für Betroffene - Zwangsgedanken und Zwangshandlungen

16. Auflage

Nicolas Hoffmann
Psychotherapeutische Praxis
Berlin, Deutschland

Birgit Hofmann
Berlin, Deutschland

ISBN 978-3-662-62266-7   ISBN 978-3-662-62267-4 (eBook)
https://doi.org/10.1007/978-3-662-62267-4

Die Deutsche Nationalbibliothek verzeichnet diese Publikation in der Deutschen Nationalbibliografie; detaillierte bibliografische Daten sind im Internet über http://dnb.d-nb.de abrufbar

Springer
© Der/die Herausgeber bzw. der/die Autor(en), exklusiv lizenziert durch Springer-Verlag GmbH, DE, ein Teil von Springer Nature 2011, 2013, 2017, 2021
Das Werk einschließlich aller seiner Teile ist urheberrechtlich geschützt. Jede Verwertung, die nicht ausdrücklich vom Urheberrechtsgesetz zugelassen ist, bedarf der vorherigen Zustimmung der Verlage. Das gilt insbesondere für Vervielfältigungen, Bearbeitungen, Übersetzungen, Mikroverfilmungen und die Einspeicherung und Verarbeitung in elektronischen Systemen.
Die Wiedergabe von allgemein beschreibenden Bezeichnungen, Marken, Unternehmensnamen etc. in diesem Werk bedeutet nicht, dass diese frei durch jedermann benutzt werden dürfen. Die Berechtigung zur Benutzung unterliegt, auch ohne gesonderten Hinweis hierzu, den Regeln des Markenrechts. Die Rechte des jeweiligen Zeicheninhabers sind zu beachten.
Der Verlag, die Autoren und die Herausgeber gehen davon aus, dass die Angaben und Informationen in diesem Werk zum Zeitpunkt der Veröffentlichung vollständig und korrekt sind. Weder der Verlag, noch die Autoren oder die Herausgeber übernehmen, ausdrücklich oder implizit, Gewähr für den Inhalt des Werkes, etwaige Fehler oder Äußerungen. Der Verlag bleibt im Hinblick auf geografische Zuordnungen und Gebietsbezeichnungen in veröffentlichten Karten und Institutionsadressen neutral.

Fotonachweis Umschlag: © Svitlana Belinska / stock.adobe.com
Ursprünglich erschienen bei PAL Verlagsgesellschaft mbH, Mannheim, 1990
Planung: Monika Radecki

Springer ist ein Imprint der eingetragenen Gesellschaft Springer-Verlag GmbH, DE und ist ein Teil von Springer Nature.
Die Anschrift der Gesellschaft ist: Heidelberger Platz 3, 14197 Berlin, Germany

Für Jana und Ursula

Und ich suchte auf und ab gehend, was es wohl sein könnte, und ich fand es, indem ich mir sagte, das bin ich nicht, ich habe noch nicht begonnen, man hat mich noch nicht gesehen.
Samuel Beckett

Und draußen war ein Tag aus Blau und Grün Mit einem Ruf von Rot an hellen Stellen.
Rainer Maria Rilke

Vorwort

Wir alle kennen harmlose Formen des Zwanges aus unserem täglichen Leben. Wir erledigen Dinge immer in derselben Reihenfolge, hüten uns vor „Unglückssymbolen" wie der schwarzen Katze, ohne die Angelegenheit übermäßig ernst zu nehmen. Wir werden auch gelegentlich von Gedanken belästigt, die uns eigentlich unsinnig vorkommen und die wir dennoch schwer loswerden. Solche Phänomene sind uns vertraut, behindern uns kaum und erscheinen uns weder außergewöhnlich noch fremd. Wer aber das erste Mal mit einem Zwangskranken konfrontiert ist, hat Eindrücke, die eher befremdend sind.

Was Zwangskranke berichten, löst zunächst Erstaunen, ja gelegentlich Unglauben aus. Ein Mann, der als erfolgreicher Manager in der Industrie tätig ist, kann geschäftlichen Besprechungen kaum mehr folgen, weil er unentwegt den entsetzlichen Gedanken hat, der Bürodiener könne beim Ausleeren der Papierkörbe ein „hilfloses Lebewesen" versehentlich in den Abfall befördern und somit unwiederbringlich vernichten. Das wäre dann letzten Endes *seine* Schuld, weil *er* es hätte verhindern müssen. Eine andere Patientin hat Schwierigkeiten, sich irgendwo hinzusetzen oder die Kleidung anderer Menschen zu streifen. Sie ist von der quälenden Angst wie besessen, dadurch mit einer schrecklichen Krankheit, nämlich Tollwut, infiziert zu werden. Später im Gespräch erfährt man, dass sie Ärztin ist, mit großer Kompetenz und viel Engagement eine Klinikstation leitet und mit ihrem Verstand die Möglichkeit einer Ansteckung auf diese Art natürlich völlig ausschließt.

Dies sind zwei Beispiele von sehr schweren Erkrankungen. Dennoch schildern alle von Zwängen betroffene Menschen Ängste, die so ungewöhnlich anmuten, dass man zuerst einmal Mühe hat, sie zu verstehen.

Anteilnahme und Mitgefühl erregen Menschen, die am Leben zu scheitern drohen, allemal. Sie können durch Schicksalsschläge oder eigene Schwierigkeiten den Kontakt zur Realität gänzlich verlieren oder ihr so ausgeliefert sein, dass Angst, Hilflosigkeit oder Hoffnungslosigkeit sie beherrschen.

Aber wie ist es mit anderen, die sich in wesentlichen Bereichen ihres Lebens so durchsetzen, dass sie eher durch ihre Tüchtigkeit hervorstechen (das ist bei Zwangskranken oft der Fall!), andererseits aber so in einer eigenen Welt gefangen sind, dass man den Eindruck hat, sie führten zwei Leben: eines, in dem sie sich von uns nicht unterscheiden, und ein anderes, dessen Gesetze nur für sie gelten. Diese zweite Welt ist weitab vom Vorstellungsvermögen ihrer Mitmenschen, und sie erleiden darin Wunden, die sie sich scheinbar selbst zufügen.

Können von Zwängen Betroffene ihren Verstand, mit dem sie anderswo so erfolgreich sind, einsetzen, um sich selbst zu helfen? Kaum. Wir glauben zu wissen, dass ihre Ängste überflüssig sind. Beruhigt sie das so, dass sie die Angst verlieren? Offensichtlich nicht.

Wenn wir ehrlich sind, müssen wir diesen so ernst wirkenden Menschen auch eine gewisse Inkonsequenz vorwerfen. Warnt die Ärztin ihre Patienten davor, sich hinzusetzen? Verfasst der Manager ein firmeninternes Rundschreiben über Vorsichtsmaßnahmen beim Ausleeren von Papierkörben? Sicherlich nicht. Zwanghafte erweisen sich in der Regel als Meister im Verbergen ihrer vom Zwang beherrschten inneren Welt. Sie lassen letzten Endes ihre Umgebung über ihre wahren Motive im Unklaren und leben so nie ganz mit uns. Sie bloß auf diese Widersprüche hinzuweisen würde nichts Gutes bewirken. Die Betroffenen würden uns zurechtweisen und uns entgegnen, dass das alles nicht neu für sie sei. Was wir schwer verstehen, ist, dass der innere Zwang sie so gefangen hält, dass sie ihm unter Umständen ihr ganzes Leben unterordnen müssen.

Letztlich werden sie uns, wenn auch vielleicht mit der nötigen Höflichkeit, so behandeln wie jemanden, der in eine Welt eindringt, dessen Gesetze er nicht versteht. Mit gutem Willen allein oder gar mit Druck ist also niemand von uns in der Lage, einem Zwangskranken zu helfen. Und dennoch bräuchte er so dringend Hilfe.

Wenn ich, Nicolas Hoffmann, beim ersten Erscheinen dieses Buches auf den zwiespältigen Eindruck aufmerksam gemacht habe, der sich häufig aus dem Umgang mit Zwangskranken ergibt, so erinnerte ich mich dabei an die Schwierigkeiten, die ich selbst zu Beginn meiner therapeutischen Tätigkeit mit solchen Patienten hatte. Dasselbe gilt für Birgit Hofmann. Aber bald lernten wir die schrecklichen Ängste dieser Menschen und die Einschränkungen, denen ihr Leben unterworfen ist, immer besser kennen und begannen sie besser zu verstehen. Von Anfang an hat uns die gnadenlose innere Logik der Krankheit stark beeindruckt, die diese Menschen trotz aller scheinbaren „Verrücktheit" beherrscht. Wir wollen versuchen, sie aufzuzeigen, um die verschiedenen Formen der Störung besser verständlich zu machen. Vor allem aber wollen wir schildern, welche Therapiemöglichkeiten die moderne Verhaltenstherapie bietet, und wir möchten Ihnen, die Sie unter Zwängen leiden, zeigen, welche Möglichkeiten der Selbsthilfe es gibt und wie Sie beginnen können, Ihre Zwänge abzubauen.

Wir möchten aber auch eine Warnung aussprechen: Wenn Sie unter sehr starken Zwängen leiden, dann wird es Ihnen kaum gelingen, sie mithilfe dieses Buches ganz zu überwinden. In diesem Fall benötigen Sie die Hilfe eines erfahrenen Therapeuten. Wenn Sie es nicht schaffen, mithilfe dieses Buches Ihre Zwänge ganz abzulegen, dann liegt das nicht an Ihnen, sondern in der Natur der Zwänge. Resignieren Sie also nicht, sondern suchen Sie sich Hilfe.

30 Jahre nach dem ersten Erscheinen von *Wenn Zwänge das Leben einengen* erscheint nun eine weitere Auflage im Springer-Verlag. Wir haben dafür einiges gekürzt, weitere Störungsbilder aufgenommen und stellen Ihnen zu allen Störungsbildern neue Übungen zur Selbsthilfe vor, die von uns erprobt worden sind.

Wir hoffen, dass unser Buch damit auch in den folgenden Jahren dazu dient, Ihnen, den Betroffenen, Mut zu machen, und Ihnen vielleicht an der einen oder anderen Stelle das Leben erleichtert.

Zu Dank verpflichtet sind wir Frau Monika Radecki und Frau Hiltrud Wilbertz vom Springer-Verlag, die uns sehr unterstützt haben.

Birgit Hofmann
Berlin

Nicolas Hoffmann
Dezember 2020

Inhaltsverzeichnis

1	**Die Zwangsstörungen**	1
1.1	Geschichtliches	2
1.2	Das Erlebnis des Zwanges	3
1.3	Die Symptome der Zwangserkrankung	4
1.4	Die allgemeine Struktur von Zwängen	5
1.5	Die innere Lage zwangskranker Menschen	7
2	**Möglichkeiten der Selbsthilfe und Psychotherapie bei Zwangsstörungen**	13
2.1	Grenzen der Selbsthilfe	14
2.2	Durchführung von Selbsthilfemaßnahmen	15
2.3	Psychotherapie bei Zwängen	16
2.4	Deutsche Gesellschaft Zwangserkrankungen e.V.	17
3	**Das Unvollständigkeitsgefühl**	19
3.1	Der Fall Marko	20
3.2	Erläuterungen zum Unvollständigkeitsgefühl	22
3.3	Wenn Sie betroffen sind	24
3.3.1	Was Ihnen Mut machen soll	24
3.3.2	Übungen	24
4	**Kontrollieren und absichern**	29
4.1	Der Fall Carla	30
4.2	Erläuterungen zum Kontrollzwang	32
4.2.1	Auftreten der Störung	32
4.2.2	Kontrolle als Abwehr	32
4.2.3	Hilfsmittel	33
4.2.4	Innere Verfassung bei den Kontrollen: das Unvollständigkeitsgefühl	34
4.2.5	Beurteilungskriterien	34
4.3	Über die Ursachen von Kontrollzwängen	35
4.4	Wenn Sie betroffen sind	36
4.4.1	Was Ihnen Mut machen soll	36
4.4.2	Übungen	38
5	**Trödelzwang oder zwanghafte Langsamkeit**	45
5.1	Der Fall Rosi	46
5.2	Erläuterungen zur Symptomatik	47
5.3	Über die Ursachen der zwanghaften Langsamkeit	47
5.4	Wenn Sie betroffen sind	48
5.4.1	Was Ihnen Mut machen soll	48
5.4.2	Übungen	50

6	**Sammeln, stapeln und horten**	55
6.1	Bewahren	56
6.2	Der Fall Heidi	58
6.3	Wenn Sie betroffen sind	58
6.3.1	Was Ihnen Mut machen soll	58
6.3.2	Übungen	62
7	**Berührungsängste und Waschzwänge**	65
7.1	Welt der Gegensätze	66
7.2	Der Fall Magda	67
7.3	Erläuterungen zu Berührungsängsten und Waschzwängen	68
7.3.1	Struktur der Störung	68
7.3.2	Inhalte der Ängste	69
7.3.3	Berühren und das Übertragen der Gefahr	70
7.3.4	Die Wahrnehmung der Zwangskranken	71
7.3.5	Waschen und Wischen als Abwehr	72
7.3.6	Rituale	73
7.4	Über die Ursachen von Berührungsängsten und Waschzwängen	75
7.5	Verhaltenstherapie bei Berührungsängsten und Waschzwängen	77
7.6	Maßnahmen zur Überwindung	77
7.7	Wenn Sie betroffen sind	81
7.7.1	Was Ihnen Mut machen soll	81
7.7.2	Übungen	82
8	**Zwangsgedanken**	85
8.1	Störgedanken versus Zwangsgedanken	86
8.2	Der Fall Arthur	87
8.3	Erläuterungen zu Zwangsgedanken	89
8.3.1	Inhalte von Zwangsgedanken	89
8.3.2	Kontrollversuche	90
8.3.3	Gegengedanken oder Gegenbilder	91
8.3.4	Ausmerzen der Gedanken	91
8.3.5	Wiederholen	92
8.4	Über die Ursachen von Zwangsgedanken	93
8.5	Wenn Sie betroffen sind	94
8.5.1	Was Ihnen Mut machen soll	94
8.5.2	Übungen	95
9	**Zwanghaftes Grübeln**	101
9.1	Grübeln als Kräfteverschleiß	102
9.2	Der Fall Luise	102
9.3	Wenn Sie betroffen sind	104
9.3.1	Was Ihnen Mut machen soll	104
9.3.2	Übungen	104

10	**Zwanghaft-skrupelhaftes Gewissen**	111
10.1	Funktionen des Gewissens	112
10.2	Der Fall Wilhelm	113
10.3	Wenn Sie betroffen sind	115
10.3.1	Was Ihnen Mut machen soll	115
10.3.2	Übungen	117
11	**Magisches Denken und Handeln**	119
11.1	Ursachenverkettung versus magisches Denken	120
11.2	Der Fall Lambert	121
11.3	Die Funktion des magischen Denkens und Handelns	123
11.4	Wenn Sie betroffen sind	124
11.4.1	Was Ihnen Mut machen soll	124
11.4.2	Übungen	126
12	**Der Betroffene im Umgang mit der Zwangserkrankung**	129
12.1	Krankheitsbewusstsein	130
12.2	Auswirkungen des Zwangs auf das tägliche Leben	131
12.3	Motivation zur Veränderung	133
12.4	Welche innere Einstellung hilft Ihnen, Ihre Zwänge zu überwinden?	134
12.5	Irrtümer und Wahrheiten: Häufig gestellte Fragen	144
13	**Die Angehörigen im Umgang mit den Zwangskranken**	151
13.1	Der Fall Sabine	152
13.2	15 Regeln für den Umgang mit Betroffenen	159
14	**Nachwort**	163
14.1	Sich wieder zum Subjekt des eigenen Lebens machen	164
14.2	Der Fall Doktor Mumpel	165
	Serviceteil	
	Weiterführende Literatur	168
	Stichwortverzeichnis	169

Über die Autoren

Dr. phil. Nicolas Hoffmann
Dr. phil. Nicolas Hoffmann ist einer der ersten deutschen Verhaltenstherapeuten und seit über 40 Jahren Dozent und Supervisor. Er ist Gründungsvorsitzender des Institutes für Verhaltenstherapie Berlin. Autor und Herausgeber zahlreicher Fachbücher.

Dr. rer. nat. Birgit Hofmann
Dr. rer. nat. Birgit Hofmann ist Psychologische Psychotherapeutin (Verhaltenstherapie) in freier Praxis und Dozentin. Ehemalige Mitarbeiterin in Forschungsprojekten an der Universität Potsdam. Autorin mehrerer Fachbücher.

Die Zwangsstörungen

Inhaltsverzeichnis

1.1 Geschichtliches – 2

1.2 Das Erlebnis des Zwanges – 3

1.3 Die Symptome der Zwangserkrankung – 4

1.4 Die allgemeine Struktur von Zwängen – 5

1.5 Die innere Lage zwangskranker Menschen – 7

© Der/die Autor(en), exklusiv lizenziert durch Springer-Verlag GmbH, DE, ein Teil von Springer Nature 2021
N. Hoffmann, B. Hofmann, *Wenn Zwänge das Leben einengen*,
https://doi.org/10.1007/978-3-662-62267-4_1

1.1 Geschichtliches

Seelsorge

Die ersten Personen, die sich mit den seelischen Nöten von Zwangskranken zu beschäftigen hatten, waren Geistliche. Die meisten Glaubensrichtungen beinhalten Vorschriften über auszuführende Rituale, etwa bei der Körperreinigung, der Speisenzubereitung und der Absolvierung von gottgefälligen Unterwerfungsritualen. Da es dabei um ernsthafte Dinge wie das weitere Schicksal der eigenen Seele geht, ist es nicht verwunderlich, dass gerade an der Stelle ein Bereich entstanden ist, in dem bei vielen Zweifel, Unsicherheiten und Zwangsgrübeleien bevorzugt auftreten und Wiedergutmachungszeremonien stattfinden. So sind denn auch aus fast allen Religionen Dokumente überliefert, in denen Richtlinien für die Arbeit an diesen armen Seelen zusammengefasst sind.

Die Symptome des Zwanges, d. h. vor allem Zwangsgedanken und Zwangshandlungen, galten somit bis ins 19. Jahrhundert hinein als Störungen des religiösen Erlebens. Sie wurden als das Werk Satans angesehen, der Seelen auch dadurch ins Verderben zu stürzen sucht, dass er sie durch allerlei Ängste und Skrupel verwirrt.

Psychiatrie

In dem Teil der Medizin, der sich mit seelischen Störungen befasst, in der Psychiatrie, wurde Zwängen lange Zeit keine große Aufmerksamkeit geschenkt. Sie galten als ein Teil von Depressionen, als eine Art „religiöse Melancholie". Sie wurden kaum wissenschaftlich erforscht, geschweige denn zerbrach man sich den Kopf darüber, wie Betroffenen wirkungsvoll zu helfen sei. Das lag vor allem auch daran, dass die Häufigkeit ihres Auftretens in der Gesamtbevölkerung dramatisch unterschätzt wurde, und zwar um das 50- bis 100-Fache. Heute gibt es realistischere Schätzungen; man geht davon aus, dass in Deutschland mindestens 1,5 Millionen Menschen betroffen sind.

Verhaltenstherapie

In den 70er-Jahren des vorangegangenen Jahrhunderts begann man im Rahmen eines neuen Therapieansatzes, der Verhaltenstherapie, Zwangsstörungen als eigenständige psychische Störungen zu verstehen, und entwickelte therapeutische Methoden, um sie wirkungsvoll zu bekämpfen. Diese Bemühungen und das Bestreben, Möglichkeiten für Selbsthilfe zu schaffen, halten bis auf den heutigen Tag unvermindert an und zeigen immer bessere Ergebnisse.

Doch bevor wir darauf eingehen, wollen wir die Eigenarten von Zwangsstörungen aufzeigen und die Situation der Betroffenen schildern.

1.2 Das Erlebnis des Zwanges

Zwangserkrankungen sind mehr oder weniger schwere seelische Störungen verschiedener Art, die aber alle in irgendeiner Form das Erlebnis des Zwanges als gemeinsames Element beinhalten. Was ist damit gemeint?

Wir kennen alle Situationen, in denen äußere Zwänge unser Tun und Lassen beeinflussen. Wir halten uns an bestimmte Gesetze, nicht zuletzt deshalb, weil wir wissen, dass Überschreitungen bestraft werden. In der Schule, im Betrieb kurz: bei jeder Form menschlichen Zusammenlebens, herrschen Regeln und Normen, die unser Verhalten wesentlich mitbestimmen. Äußere Zwänge können mehr oder weniger stark sein, wir mögen sie als gerechtfertigt oder aber als willkürlich erleben – auf jeden Fall wissen wir, dass sie unseren Handlungsspielraum einengen. Wir können auf der Welt nicht schalten und walten, wie wir wollen. Doch zumindest haben wir das Gefühl, im eigenen Haus, d. h. in uns selbst, Herr und Meister zu sein. Die Gedanken, die wir denken, erleben wir als die unsrigen. Unsere Gefühle können angenehm oder schmerzhaft sein, aber sie gehören uns. Vor allem aber sind wir fest davon überzeugt, das tun zu können, was wir wollen, innerhalb der Grenzen selbstverständlich, die uns die äußeren Zwänge auferlegen.

Äußere Zwänge

Ganz anders ist es beim Erlebnis des inneren Zwangs. Sehen wir uns an, wie Zwangskranke ihre Befindlichkeit beschreiben:

Erleben innerer Zwänge

- „Ich kann nicht aufhören, mich zu waschen. Ich habe absolut nicht die Willenskraft, damit aufzuhören."
- „Ich schäme mich vor mir selbst. Ich mache immer diese Dinge und weiß sehr wohl, dass es unsinnig ist. Ich bin intelligent und könnte irgendetwas Nützliches tun. Aber ich mache immer weiter."
- „Der Gedanke überwältigt mich immer wieder. Er überfällt mich, und ich kann mich nicht dagegen wehren."
- „Hätte ich bloß mehr Macht über mich selbst. Dann könnte ich aufhören, meine Zeit mit sinnlosen Kontrollen zu verschwenden, und endlich richtig leben."

Hier wird eine Erfahrung angesprochen, die im normalen Seelenleben unbekannt ist: das Erleben, gezwungen zu sein, bestimmte Gedanken zu denken oder bestimmte Handlungen auszuführen, ohne sich dagegen wehren zu können. Anders ausgedrückt: das Erleben, dass eine Kraft in uns uns zu etwas zwingt, ohne dass wir ihr ausreichend Widerstand entgegenzusetzen hätten.

Diese Erfahrung ist in höchstem Maße bedrohlich. Man kann sie nicht einordnen, sucht vergeblich nach einer Erklärung, will widerstehen und erlebt dabei immer wieder Niederlagen. Das ganze Leben wird negativ beeinflusst, ja es kann zu einem einzigen Kampf zwischen den normalen, gesunden Anteilen der betroffenen Person und dem Zwang werden.

1.3 Die Symptome der Zwangserkrankung

Wir wollen an dieser Stelle die wichtigsten Symptome des Zwanges aufzählen und kurz definieren. Wir werden sie in den folgenden Kapiteln ausführlich kennenlernen.

Zwangsbefürchtungen

Zwangsbefürchtungen sind Ängste, die sich angesichts bestimmter Objekte oder Situationen aufdrängen, ohne dass objektive Gründe dafür vorliegen. Beispiele sind die Angst, durch Berührung von Münzen mit Tollwut angesteckt zu werden, oder aber die Angst, durch das Ausgeben eines Geldscheines, der eine 19 in der Seriennummer enthält, einem lieben Menschen ein schreckliches Unheil zuzufügen.

Statt Angst kann in einigen Fällen ein Ekelgefühl im Vordergrund stehen, so z. B. beim Berühren von Türklinken, wenn die Befürchtung besteht, sie könnten etwa mit einem Schimmelpilz „verseucht" sein.

Zwangsgedanken

Zwangsgedanken sind Gedanken oder bildhafte Vorstellungen, die ins Bewusstsein „einschießen" und schwer abgestellt werden können, selbst dann, wenn der Betroffene sie als „sinnlos" erlebt. Beispiele von Zwangsgedanken: Einer Mutter drängt sich immer wieder die Idee auf, sie könnte ihr Kind unabsichtlich schwer verletzen; ein Konzertbesucher wird immer wieder von dem Gedanken geplagt, er könnte plötzlich „obszöne Worte" in den Saal schreien.

Zwangsgrübeleien

Zwangsgrübeleien sind immer wiederkehrende und sich wiederholende Gedankenketten. Sie können Probleme des täglichen Lebens betreffen, führen aber zu keinem Ergebnis, weil sie immer wieder im Kreise verlaufen. Eine Hausfrau grübelt: „Habe ich den Küchenboden gesäubert? Habe ich ihn wirklich sauber gemacht? Wann ist er wirklich sauber? Könnte es sein, dass er an der Oberfläche zwar sauber, aber in der Tiefe noch schmutzig ist?"

Darüber hinaus können Zwangsgedanken sich aber auch mit sehr ausgefallenen und bizarren Fragen beschäftigen: „Rechnet der liebe Gott nach dem Dezimal- oder nach dem binären System?" – „Was wäre aus dem Volk Israel geworden, wenn das Rote Meer sich nicht vor Moses geteilt hätte?"

Zwangsimpulse sind sich immer wieder zwanghaft gegen inneren Widerstand aufdrängende Antriebe, bestimmte Handlungen auszuführen. So kann z. B. der Impuls erlebt werden, alte Zeitungen vor dem Wegwerfen immer wieder daraufhin zu kontrollieren, ob nicht wichtige Geschäftspapiere dazwischengeraten sind. Ein anderes Beispiel ist der Impuls, beim Fernsehen immer wieder die Jackenknöpfe der Schauspieler zu zählen.

Zwangshandlungen sind meist aufgrund von Zwangsimpulsen oder Zwangsbefürchtungen vorgenommene Handlungen, die ausgeführt werden, obwohl der Kranke sich innerlich dagegen sträubt oder sie gar als unsinnig erkennt, z. B. zwanghaft wiederholte Kontrollen der Wasserhähne oder das zwanghafte Waschen der Hände nach der Berührung mit Objekten, die man für gefährlich hält.

1.4 Die allgemeine Struktur von Zwängen

Versuchen wir die Vielfalt der möglichen Symptome, die auftreten können, zu ordnen, so stellen wir fest, dass alle Zwangsstörungen eine immer gleichbleibende Struktur aufweisen. So besteht jede Zwangserkrankung aus zwei Anteilen.

Auf der *Bedrohungsseite* finden wir Gedanken, Befürchtungen und Impulse samt den sie begleitenden Gefühlen, die den Betroffenen in irgendeiner Form eine Gefahr für sie selbst oder für andere signalisieren. So fühlt sich eine Frau bedroht bei dem Gedanken, sich auf einen Stuhl zu setzen, auf dem vorher eine ihr unsauber erscheinende Person gesessen hat. Es könnte etwas Widerwärtiges an ihre Kleidung gelangen, mit dem sie dann ihre ganze Wohnung zu verseuchen droht. Ein anderer kann den Gedanken und das damit einhergehende Angstgefühl nicht überwinden, dass sich sein Haus in seiner Abwesenheit durch die Reste einer Zigarette, die er vor zwei Tagen geraucht hat, entzünden könnte.

Auf der *Abwehrseite* finden wir die Maßnahmen, die der Zwang vorschreibt, um die Bedrohung abzuwenden oder zu neutralisieren. In der Regel liegen solche Maßnahmen deutlich außerhalb des Bereichs „normaler" Vorsichtsmaßnahmen. So betritt die Frau mit dem Ekel vor „schmuddeligen Gestalten" die Öffentlichkeit nurmehr in einer besonderen „Schutzkleidung", die beim Nachhausekommen in einer Holzkiste vor der Wohnungstür deponiert wird. Der Mann mit der Angst vor Zigarettenkippen, die auch nach Tagen noch eine Glut entfachen könnten, schleppt seine Kippen in einem kleinen Metallbehälter mit zur Arbeit, um sie ständig „unter Kontrolle zu halten". Zu solchen Maßnahmen meinen Zwangskranke: „Ich weiß, dass mein Verhalten stark übertrieben ist, aber nur so kann ich mich einigermaßen gegen Gedanken und

Gefühle wehren, die mich sonst überfluten würden." Doch die Erleichterung währt nur kurz. Allmählich werden solche vermeintlichen Schutzmaßnahmen zum größten Problem und drohen das Leben zu ersticken.

Wir wollen die Grundelemente dieser Struktur noch einmal am Beispiel häufig vorkommender Typen von Zwangserkrankungen verdeutlichen (vgl. ◘ Tab. 1.1). Nach dieser Struktur können alle Typen von Zwangserkrankungen, an denen Menschen leiden, eingeordnet und verstanden werden.

◘ **Tab. 1.1** Grundelemente der Struktur von Zwängen am Beispiel von Kontrollzwängen, Berührungsvermeidungs- und Waschzwängen und Zwangsgedanken

	Bedrohungsseite	**Abwehrseite**
Kontrollzwänge	*Häufige Gedanken:* – z. B.: „Es könnte durch meine Schuld etwas Schlimmes passieren, z. B. ein Wohnungsbrand" oder – „Ich könnte bei diesem wichtigen Brief einen schweren Fehler übersehen haben" usw. *Begleitende Gefühle:* Unruhe, Angst, „Unvollständigkeitsgefühle", Schuldgefühle usw.	*In Gedanken:* – „Zurückspulen", d. h. inneres Wiederholen vergangener Vorgänge – Grübeleien wie „Habe ich die Schalter am Herd auch ‚richtig' gesehen, habe ich sie richtig abgedreht?" usw. *Im Verhalten:* Ständiges Wiederholen von Kontrolle, z. B. durch lange Manipulationen am Herd (ein – aus – ein – aus) oder genaues Buchstabieren jedes Wortes bei einem Brief usw.
Berührungsvermeidungs- und Waschzwänge	*Häufige Gedanken:* – z. B. „Könnte es sein, dass diese dunkle Stelle ein Spritzer Blut ist?" oder – „Könnte es sein, dass ich diese Stelle beim Heben meines Glases berührt habe?" – „Könnte es sein, dass ich eine kleine Verletzung am Finger habe und mich dadurch mit HIV angesteckt habe?" usw. *Begleitende Gefühle:* Angst bis hin zur Panik, Ekel, Verzweiflung usw.	*In Gedanken:* „Zurückspulen", d. h. inneres Wiederholen vergangener Vorgänge, mit Fragen wie – „Wie habe ich genau meine Hand gehalten?" – „Was spricht dafür, dass es wirklich Blut ist?" – „Verkehren drogensüchtige Menschen in dieser Gegend?" usw. *Im Verhalten:* Desinfizieren der Hände, Waschen der Kleidung, intensive eigene Waschungen, die ständig wiederholt werden, bis sich das Gefühl einstellt, einigermaßen „sauber und rein" zu sein

Tab. 1.1 (Fortsetzung)

	Bedrohungsseite	Abwehrseite
Zustände mit starken Zwangs-gedanken	*Häufige Gedanken:* – z. B.: „Könnte es sein, dass ich mit dem Auto beim Einparken ein kleines Kind überfahren habe?" oder – „Habe ich dabei etwas Verdächtiges gesehen oder gehört?" oder – „Könnte es sein, dass ich beim Besuch meiner Oma durch Ungeschicklichkeit elektrische Kabel blankgelegt habe?" usw. *Begleitende Gefühle:* Unruhe, Angst bis hin zur Panik, Unvoll-ständigkeitsgefühle, Schuldgefühle	*In Gedanken:* „Zurückspulen", d. h. inneres Wiederholen vergangener Vorgänge, mit Fragen wie – „Womit habe ich mich genau beschäftigt beim Einparken?" – „Was spricht dafür, dass ich gut aufgepasst habe?" usw. *Im Verhalten:* Inspektion der Autoreifen, um verdächtige Spuren auszuschließen, Rückkehr zum „Tatort", Befragung von Geschäftsleuten („Gab es etwas Auffälliges heute?") usw.

1.5 Die innere Lage zwangskranker Menschen

Trotz der Verschiedenheit ihrer Lebensläufe und der Vielfalt der Symptome, an denen Zwangskranke leiden, lässt sich ihre innere Lage durch eine Reihe von Gemeinsamkeiten charakterisieren.

- **Zwangskranke leben in einer Welt, in der Gefährliches und Widerwärtiges überall auftaucht**

Viel mehr als andere Menschen fühlen sich Zwangskranke, entsprechend der Beschaffenheit ihres Zwangssystems, von allen Seiten bedroht. Ein Patient hat den Gedanken, dass immer dann, wenn er in seiner Umgebung bewusst ein Kreuz wahrnimmt, einem geliebten Menschen ein Unheil zustoßen könnte. Bei seinem ersten Besuch hat er auf dem Weg von seiner Wohnung zur Praxis angeblich 52 Kreuze bewusst wahrgenommen, deren unheilvolle Wirkung er jedes Mal mit einer bestimmten Abwehrform annullieren musste. Ein anderer verfolgt über endlose Ketten die Tod und Verderben bringenden Spuren eines Spülmittels, mit dem er durch unvorsichtige Berührung seine ganze Familie vergiften könnte – so redet es ihm zumindest sein Zwangssystem ein.

Gefährliche Welt

Ständige Selbstüberwachung

- **Zwangskranke sind ständig damit beschäftigt, sich selbst zu überwachen**

Die eigene Person, die eigenen Gedanken und Taten bis hin zu geheimsten Regungen werden immer wieder daraufhin überprüft, ob sie vermeintliche Gefahren heraufbeschwören oder für die finstersten eigenen Absichten stehen:
- „Habe ich beim Anblick dieses Messers so etwas wie einen sadistischen Impuls verspürt? Könnte das bedeuten, dass eine Gefahr für meine Kinder besteht?"
- „Habe ich beim Mittagessen in der Mensa mit meinem Hosenbein die schmuddelige Theke berührt und anschließend die ganze Bibliothek verseucht?" usw.

In immer mehr Lebenssituationen besteht für den Zwangskranken die Möglichkeit, durch einen fatalen eigenen Fehler Katastrophen heraufzubeschwören, für ihn selbst, aber vor allem auch für andere. Nur wenn er sich ständig unter Kontrolle hält und um den Preis einer lückenlosen Selbstüberwachung (in kritischen Situationen) kann er das Schlimmste immer wieder einigermaßen verhindern.

Dauernder Alarmzustand

- **Zwangskranke sind in einem ständigen Alarmzustand**

Wer mit so vielen Gefahren konfrontiert ist, reagiert zwangsläufig mit einer erhöhten Aufmerksamkeit auf die Vielfalt der Dinge und der Situationen, die laut Zwangssystem eine Rolle spielen:
- „Jeder noch so kleine rote Fleck, den ich berühre, kann letzten Endes dazu führen, dass ich alle Menschen, die mir lieb sind, mit HIV infiziere."
- „Wenn ich das Handtuch nicht ‚richtig' aufgehängt habe, kann das dazu führen, dass alle meine Unternehmungen an dem Tag zum Scheitern verurteilt sind."

Auf dem Hintergrund dieser permanenten Aufgeregtheit (es geht ja meistens um „Leben und Tod") werden Augenblicke der Ruhe, der Gelassenheit und der Entspannung immer kürzer und seltener. Betroffene werden durch permanente Selbstzweifel verunsichert. Sie finden immer seltener eine auf Selbstvertrauen basierende Einstellung zu sich selbst. Ständig stellt sich ihnen die Frage, ob sie auch keine Gefahrensignale übersehen und ob sie „richtig" – im Sinne der Abwehrmaßnahmen, die der Zwang ihnen diktiert – reagiert haben. Diese „Pflichten", die der Zwang ihnen auferlegt, werden umso häufiger und umso drängender, je weiter die Krankheit voranschreitet.

1.5 · Die innere Lage zwangskranker Menschen

- **Zwangskranke fühlen sich nicht mehr als Herr im eigenen Haus**

In den Bereichen, die vom Zwang betroffen sind, machen fast alle Zwangskranken Aussagen wie die folgenden:

Selbstentfremdung

— „Wenn ich nachsehen will, ob mein Auto in Ordnung ist, komme ich mir so merkwürdig vor, wie im Nebel, so fremd. Ich kann nicht dafür einstehen, dass ich alles richtig gemacht habe."
— „Ich komme mir vor wie ein willenloser Automat. Ich bin gar nicht mehr ich, innerlich so leer und tot."
— „In bestimmten Situationen habe ich das Gefühl, mich aufzulösen. Einige Teile meines Körpers oder meines Ichs gehören nicht mehr zusammen."

Schließlich erleben sich Zwangskranke immer häufiger als Marionetten, die der Zwang wie Puppen herumtanzen lässt. Immer mehr von sich selbst entfremdet, verlieren sie zunehmend das Gefühl, mitten im Leben zu stehen und es nach eigenen Werten und Bedürfnissen steuern zu können.

- **Ihr „Herangehen" an Probleme findet immer mehr auf einer wirklichkeitsfernen, symbolischen Ebene statt**

Wir versuchen Zwangskrankheiten mithilfe des „Zwei-Bühnen-Modells" zu verstehen. Es gibt einmal die reale „Bühne des Lebens". Dort geht es um die großen Themen des menschlichen Daseins wie Liebe, Verantwortung, Schuld, Angst, Krankheit und Tod. Hier findet die normale Auseinandersetzung mit unseren Lebensproblemen in der Wirklichkeit statt. Daneben gibt es bei Zwangskranken eine Art „Kasperletheater". Auf dieser Bühne werden dieselben Themen karikaturhaft „nachgespielt". Es ist die Ebene der Symptome der verschiedenen Formen von Zwangserkrankungen. Auf dieser Bühne besteht das „Rezept" gegen Lebensangst darin, endlos Wasserhähne zu kontrollieren. Das Problem der Verantwortung, die Menschen füreinander haben, wird dadurch abgefertigt, dass man unter den Fahrrädern emsig nach überfahrenen kleinen Kindern sucht. Alles, was mit Krankheit und Verfall zu tun hat, wird mit Desinfektionsmitteln behandelt, und der Tod wird von den Schuhsohlen abgewischt, wenn man an einem Friedhof vorbeigehen musste. Bei Zwangskranken nimmt das Kasperletheater immer mehr Zeit und Energie in Anspruch; das wahre Leben droht zu verkümmern. Auf dieser zweiten Bühne agiert der Mensch vorwiegend dann, wenn er sich auf der ersten von seinen Problemen überfordert fühlt.

Zwei-Bühnen-Modell

- **Das Los der Zwangskranken**

Wir haben eben gesehen, in welcher inneren Notlage sich Menschen mit Zwangsstörungen befinden, aber wir müssen zugeben, dass sie es den anderen auch nicht leicht machen. Sie haben sich bei wachem Verstand in einzelnen Bereichen ihres Lebens einem Gedanken- und Handlungssystem unterworfen, das von ihren Mitmenschen kaum nachvollzogen werden kann. Das wissen die Betroffenen, und das setzt ihrem Mitteilungsdrang enge Grenzen, wenn es darum geht, sich anderen zu öffnen und sie an der eigenen inneren Misere teilnehmen zu lassen. So vergehen denn auch im Durchschnitt 7,5 Jahre vom Auftreten der ersten Symptome bis zur Inanspruchnahme professioneller Hilfe.

Verheimlichung der Symptome

Das liegt einmal, wie gesagt, daran, dass Betroffene sich aus ihrer Not heraus zu wahren Meistern der Verheimlichung und Verstellung entwickelt haben. Engste Angehörige haben (wenn sie nicht in das Zwangssystem einbezogen sind) oft das Gefühl, „dass etwas nicht stimmt", haben aber keine Ahnung von dem, was in der erkrankten Person vorgeht und zu welchen Verrenkungen ihr Zwang sie zwingt.

Gründe, Hilfe aufzusuchen

In den meisten Fällen ist es einer von drei typischen Gründen, der die an Zwängen erkrankten Menschen dann doch dazu bewegt, Hilfe aufzusuchen:
- Es kommt neben dem Zwang zu einer anderen psychischen Störung, in der Regel zu einer Depression.
- In das Zwangssystem einbezogene Personen wie Partner oder Eltern verweigern ihre weitere „Mitarbeit" und zwingen den Kranken praktisch, eine andere Form von „Hilfe" aufzusuchen.
- Das Abwehrsystem, etwa in Form von Kontrollen, Waschen usw., wird so aufgebläht und aufwendig, dass es bei den Betroffenen normale Aktivitäten weitgehend verhindert.

Fehldiagnose

Doch bis vor Kurzem sah das weitere Schicksal der Kranken auch dann nicht rosig aus, wenn sie auf der Suche nach professioneller Hilfe waren. Der Zwang wurde übersehen, bagatellisiert („Ich kontrolliere auch manchmal"; „Reißen Sie sich einfach zusammen, und lassen Sie doch den Unsinn") oder krass fehldiagnostiziert. Besonders beliebt in dem Zusammenhang waren (und sind auch teilweise noch heute) die falschen Diagnosen „paranoide Psychose" oder „Schizophrenie". An dieser Stelle muss auch einem Gerücht mit aller Entschiedenheit entgegengetreten werden, von dem man gelegentlich noch hört. Es besagt, dass Zwangsstörungen eine Vorläuferform von Schizophrenie darstellen würden. Diese Auffassung ist eindeutig widerlegt.

1.5 · Die innere Lage zwangskranker Menschen

Leider wird Betroffenen in manchen Fällen noch immer gesagt: „Ihre Störung ist unheilbar. Sie müssen damit leben, weil niemand etwas für Sie tun kann." Das ist falsch!

Inzwischen hat sich einiges zum Positiven gewendet, und es wird mit Sicherheit weiter in diese Richtung gehen. Heute wissen wir: Es gibt wirkungsvolle Formen von Hilfe. Die wichtigsten sind:

Wirkungsvolle Hilfe

- Psychotherapie mit oder ohne begleitende medikamentöse Therapie. Als psychotherapeutisches Verfahren der Wahl gilt heute die Verhaltenstherapie, deren Wirksamkeit am besten belegt ist.
- Diverse Formen der Selbsthilfe wie Betroffenen- und Angehörigengruppen sowie kompetente Selbsthilfeliteratur.

Wir kommen nun zum Hauptteil unseres Buches. Wir wollen die häufigsten Formen, die Zwänge annehmen können, schildern und an Beispielen illustrieren. Dann kommen wir auf die Prinzipien zu sprechen, die einer positiven Veränderung zugrunde liegen. Schließlich legen wir Ihnen Übungen vor, die im Rahmen von Selbsthilfe praktizierbar und nützlich sind. Die Störungsbilder, die wir schildern, kommen in der Praxis oft in fast reiner Form vor. Es gibt aber auch Betroffene, bei denen eine Mischung vorliegt.

Doch zuerst müssen wir auf die Möglichkeiten der Selbsthilfe bei Zwangserkrankungen eingehen.

Möglichkeiten der Selbsthilfe und Psychotherapie bei Zwangsstörungen

Inhaltsverzeichnis

2.1 Grenzen der Selbsthilfe – 14

2.2 Durchführung von Selbsthilfemaßnahmen – 15

2.3 Psychotherapie bei Zwängen – 16

2.4 Deutsche Gesellschaft Zwangserkrankungen e.V. – 17

© Der/die Autor(en), exklusiv lizenziert durch Springer-Verlag GmbH, DE, ein Teil von Springer Nature 2021
N. Hoffmann, B. Hofmann, *Wenn Zwänge das Leben einengen*,
https://doi.org/10.1007/978-3-662-62267-4_2

2.1 Grenzen der Selbsthilfe

Einige unserer Leser werden ein eher theoretisches Interesse an Zwängen haben, andere leben mit einem Kranken zusammen, und schließlich wird es solche geben, die selbst betroffen sind. An sie möchten wir uns jetzt wenden.

Selbsthilfe ist eine wirksame Form der Hilfe bei seelischen Problemen oder Krankheiten. Sie kann individuell oder in Gruppen erfolgen. Wenn die Motivation zu einer Veränderung groß genug ist, lohnt sich der Versuch, systematisch an sich zu arbeiten, um Verbesserungen zu erreichen.

Doch bei der Selbsthilfe müssen Sie als Betroffene oder Betroffener weitgehend alles selbst in die Hand nehmen. Auch wenn Sie über eine brauchbare Anleitung verfügen, ist niemand anwesend, der Sie führt, Sie ermutigt, Sie zur Ausdauer anhält, Rückschläge mit Ihnen bespricht oder Ihnen bestätigt, dass Sie auf dem richtigen Weg sind.

Möglichkeiten der Selbsthilfe

Bei Zwängen schätzen wir die Möglichkeiten und Grenzen der Selbsthilfe folgendermaßen ein:

Bei Menschen, die an *Kontrollzwängen* leiden, legen wir von Anfang an sehr viel Wert darauf, dass sie die therapeutischen Schritte möglichst selbstständig durchführen – auch dann, wenn sie unsere Patienten sind. Die Prinzipien der Hilfe sind einfach und überschaubar, und die eigene Motivation ist entscheidend. Bei genügend Ausdauer und Konsequenz sollten sich deutliche Erleichterungen einstellen. Sollte Ihre Unsicherheit jedoch auch nach zwei bis drei Monaten kaum zurückgegangen sein, empfehlen wir Ihnen, einen Therapeuten hinzuzuziehen.

Bei *Waschzwängen* plädieren wir von vornherein für Vorsicht. Was erreicht werden kann, ist sozusagen ein lebensfreundlicher Kompromiss mit dem Zwang. Die Stimmung ist oft gedrückt, und die Angst, möglicherweise überwältigt zu werden, kann sehr groß sein, wenn auf die alten Regeln verzichtet wird. In einem solchen Fall halten wir die Hilfe eines Psychotherapeuten für nötig.

Wenn Sie überwiegend an *Zwangsgedanken* leiden, die Ihnen immer wieder Angst machen, so werden die Grenzen der Selbsthilfe durch die Schwere des Problems bestimmt. Lästige, quälende Gedanken, denen Sie einigermaßen distanziert gegenüberstehen, können auf die von uns geschilderte Weise gut bearbeitet werden. Wenn es aber für Sie unmöglich ist, sich Ihren Gedanken absichtlich zu stellen, oder wenn Ihre Angst, sich selbst oder anderen dabei zu schaden, zu groß ist, sollten Sie auf einen Alleingang verzichten und auf jeden Fall einen Therapeuten aufsuchen.

Bei anderen Formen von Zwängen wie *zwanghaftes Grübeln*, *magisches Denken*, *zwanghafte Langsamkeit* und *skrupelhaftes Gewissen* können konsequent durchgeführte Selbsthilfemaßnahmen eine große Hilfe sein. Aber auch hier gilt: Wenn Sie glauben, allein nicht mehr zurechtzukommen, dann holen Sie sich Hilfe.

Überhaupt gilt für alle praktischen Übungen dieses Buches: Sie sind nicht für alle Menschen gleich nützlich – dem einen helfen sie sehr gut, anderen weniger. Sie müssen ein Minimum an Ausdauer haben, wenn Sie sie durchführen wollen. Ist Ihnen eine Übung von vorneherein unsympathisch oder erscheint sie Ihnen gar gefährlich, so verzichten Sie darauf. Wenn Sie den Eindruck haben, dass Sie auch mit Ausdauer nicht vorankommen oder Ihre Probleme sogar größer werden (was wir nicht erwarten!), so holen Sie sich auf jeden Fall Hilfe.

Grenzen der Selbsthilfe

Sehen Sie das nicht als eigenes Versagen oder als Anzeichen dafür, dass Sie ein hoffnungsloser Fall sind. Sie brauchen lediglich mehr Hilfe, als Ihnen Anleitungen zur Selbsthilfe geben können.

2.2 Durchführung von Selbsthilfemaßnahmen

Bei der Durchführung aller Selbsthilfemaßnahmen sollten Sie auf Folgendes achten:

Durchführungsmodalitäten

- Wählen Sie jeweils einen inhaltlichen Schwerpunkt aus. Ein wichtiges Kriterium dafür sind Ihre aktuellen Probleme. Ein anderes Kriterium ist der Schwierigkeitsgrad aus Ihrer Sicht. Fangen Sie mit dem an, was Ihnen leichter fällt. Lesen Sie den dazugehörigen Text im Buch.
- Wählen Sie einen günstigen Zeitpunkt für die Ausführungen der Übungen. Ein ungünstiger Zeitpunkt ist dann gegeben, wenn Sie zu müde sind oder wegen großer Sorgen keinen „freien Kopf" haben.
- Vor einer Übung können Sie sich auch bewusst ausruhen, um mehr Energie zur Verfügung zu haben.
- Fragen Sie sich vor jeder Übung, worum es dabei geht und was Sie dabei lernen wollen.
- Ihre Übung sollte nicht zu lange dauern. Es hat keinen Sinn, sie so auszudehnen, dass Sie sich dadurch in eine Erschöpfung treiben.
- Zögern Sie nicht, eine Übung auch einmal abzubrechen, falls Sie das Gefühl haben, dadurch überfordert zu sein.
- Fragen Sie sich nach jeder Übung, welche Erfahrungen Sie gemacht haben, was Sie gelernt haben, welche Schwierigkeiten aufgetreten sind und wie Sie weitermachen wollen.

- Ärgern Sie sich nicht über sich selbst, wenn etwas nicht ganz gelungen ist. Das kostet nur Energie und bringt Sie nicht weiter. Gehen Sie verständnisvoll und freundschaftlich mit sich um.
- Würdigen Sie auch kleine Fortschritte. Denken Sie daran, dass sich daraus nach und nach große positive Veränderungen ergeben können.

2.3 Psychotherapie bei Zwängen

Übernahme der Therapiekosten

Zwänge, die eine gewisse Stärke erreicht haben und die Betroffenen in ihrem Leben behindern, gelten als Krankheit. Psychotherapie wird in diesen Fällen von allen Krankenkassen voll bezahlt.

In der Krankenversorgung gibt es drei Psychotherapierichtungen, die zugelassen sind: die Psychoanalyse, die tiefenpsychologisch fundierten Verfahren und die Verhaltenstherapie. Die Kosten für Angebote anderer Therapierichtungen werden von den Kassen nicht übernommen.

Den oben genannten Verfahren liegen unterschiedliche Theorien zugrunde. Jedes Verfahren hat eigene Erklärungsmodelle für die Entstehung von Zwängen und eigene Methoden, um sie zu heilen. Alle drei Richtungen können relativ gute Erfolge bei der Therapie von Zwängen vorweisen. (Der Ansatz, den wir vertreten, ist die Verhaltenstherapie. In dieses Buch haben wir keine Gesichtspunkte eingebracht, die etwa der Psychoanalyse entstammen.) Bei Ihrer Krankenkasse können Sie Verzeichnisse aller zugelassenen Therapeuten der genannten Richtungen einsehen. Wenn Sie einen Facharzt für Neurologie und Psychiatrie oder einen Arzt mit der Zusatzbezeichnung „Psychotherapie" aufsuchen, kann er Sie beraten. Sie können aber auch direkt einen niedergelassenen Therapeuten auswählen und sich an ihn wenden.

Lassen Sie sich von ihm erklären, welche Therapieform er durchführt, wie seine Vorgehensweise konkret aussieht und welche Erfahrung er mit Zwängen hat. Gerade bei Zwängen ist die praktische Erfahrung des Therapeuten von großer Bedeutung.

Wenn Sie den Eindruck haben, wegen Ihrer Zwänge nicht mehr arbeitsfähig zu sein, so reden Sie mit Ihrem Arzt über eine eventuelle Krankschreibung.

Stationäre Behandlung

Wenn die Angst und der Zwang so stark sind, dass Sie im täglichen Leben gar nicht mehr zurechtkommen, gibt es noch die Möglichkeit der stationären Therapie in einer spezialisierten Klinik. Eine stationäre Behandlung hat den Vorteil, dass Sie aus der Umgebung, in der Ihre Probleme bislang auftraten, erst einmal heraus sind. Die Therapie kann schrittweise erfolgen, ohne Sie zu stark zu belasten. Aber sie hat auch Nachteile: Sie können den Bezug zu Ihrem täglichen Leben teilweise verlieren. Auch sind Sie in der Klinik wie in einem Schonraum. Was Sie dort lernen, müssen Sie in Ihre angestammte Umgebung übertragen, und das kann sehr schwer sein. Eine Therapie in der Klinik sollten Sie also nur im Extremfall ins Auge fassen oder dann, wenn Ihr Therapeut Ihnen ausdrücklich dazu rät.

Ihr Arzt kann Sie über die Möglichkeit beraten, sich zusätzlich durch Medikamente helfen zu lassen. Medikamente allein, d. h. ohne Psychotherapie, reichen nicht aus, um Zwänge zu heilen.

2.4 Deutsche Gesellschaft Zwangserkrankungen e.V.

Die im Jahre 1995 gegründete Gesellschaft ist ein wichtiger Ansprechpartner für Betroffene und Angehörige. Sie ist aber auch bestrebt, die Krankheit „Zwangsstörung" einer breiten Öffentlichkeit bekannt zu machen und dadurch für ein besseres Verständnis zu sorgen. Sie organisiert regionale Selbsthilfegruppen sowie Gruppen für Angehörige. Über sie können auch die Anschriften von auf Zwangsstörungen spezialisierten Therapeuten erfragt werden. Das Besondere ist, dass Betroffene, Angehörige und Experten zusammenarbeiten. Im Internet stehen Informations- und Diskussionsforen zur Verfügung. Vierteljährlich erscheint die Zeitschrift *Z-aktuell*.

> **Geschäftsstelle der Deutschen Gesellschaft Zwangserkrankungen e.V.**
> Postfach 70 23
>   3422023 Hamburg
>   Tel.: (040) 689 13 700, Fax: (040) 689 13 702
>   Internet: ▶ www.zwaenge.de
>   E-Mail: zwang@t-online.de
>   Zusätzlich bietet die Vorstandsvorsitzende Antonia Peters eine Sprechstunde für Menschen an, die von Trichotillomanie betroffen sind, und organisiert Selbsthilfegruppen zu diesem Thema.
>   Tel.: (040) 200 61 39
>   Internet: ▶ www.trichotillomanie.de

Das Unvollständigkeitsgefühl

Inhaltsverzeichnis

3.1 Der Fall Marko – 20

3.2 Erläuterungen zum Unvollständigkeitsgefühl – 22

3.3 **Wenn Sie betroffen sind – 24**
3.3.1 Was Ihnen Mut machen soll – 24
3.3.2 Übungen – 24

© Der/die Autor(en), exklusiv lizenziert durch Springer-Verlag GmbH, DE,
ein Teil von Springer Nature 2021
N. Hoffmann, B. Hofmann, *Wenn Zwänge das Leben einengen*,
https://doi.org/10.1007/978-3-662-62267-4_3

Gefühl der Vollständigkeit

Wie es uns geht und wie heimisch und sicher wir uns in unserer Haut fühlen, hängt im Wesentlichen auch von einem Lebensgefühl ab, das man als ein „Sich-voll-in-der-aktuellen-Wirklichkeit-Fühlen" umschreiben kann. Dieses Gefühl begleitet uns die meiste Zeit unseres Lebens, und es erscheint uns so selbstverständlich, dass wir im ersten Moment Mühe haben, uns vorzustellen, was damit gemeint ist. Selbstverständlich wissen wir, dass wir *wir* sind. Uns ist auch bewusst, *wo* wir sind, und wir wissen meistens, *wozu* wir da sind. Bis auf seltene Ausnahmezustände haben wir ein ausreichend gutes Gefühl der Kontrolle über uns selbst (geistig wie körperlich) und über das, was wir tun – in einem Satz: Wir erleben uns als ein intaktes Ganzes, fest in unserer Gegenwart verankert.

Lernen wir nun einen Menschen kennen, der dieses selbstverständliche und vertrauensvolle Erleben seines Selbst teilweise verloren hat.

3.1 Der Fall Marko

Unvollständigkeitsgefühl

Bei der ersten Begegnung klagte Marko, sein früheres Leben komme ihm vor wie ein Traum:

> Bin ich noch derselbe Mensch? Ich weiß, dass ich es bin, aber ich fühle mich manchmal gar nicht mehr. Manchmal, wenn ich voll und ganz mit einer Sache beschäftigt bin, dann habe ich das Gefühl, wieder der Marko von früher zu sein. Aber oft komme ich mir so unwirklich vor, als sei ich gar nicht da. Auch mein Haus und die Möbel kommen mir dann seltsam weit weg und unwirklich vor. Ich habe nur noch den einen Wunsch in mir, wieder ganz ich selber zu sein, um mich besser um meinen Beruf und um meine Familie kümmern zu können.

Im Laufe der nächsten Wochen machte er sich auf unseren Wunsch Notizen über das, was er erlebte, und wir besprachen einzelne Situationen ausführlich mit ihm, um seinen Zustand besser herauszuarbeiten. Wir geben zwei Beispiele dafür wieder:

> Ich hatte einige Besorgungen zu machen. Als ich mich der Bäckerei näherte, überfiel mich plötzlich der Gedanke: Du gehst jetzt zum Bäcker. Kannst du das überhaupt? Wirst du sprechen können, wirst du die richtigen Worte finden? Wie funktioniert das, wenn du sprichst? Geht das überhaupt? Die Fragen überschlugen sich geradezu in mir. Da mir keine Zeit blieb, Antworten zu suchen, kam ich mir immer fremder vor, und die ganze Szene wurde immer unheimlicher.

3.1 · Der Fall Marko

> » Ich habe normalerweise keine Mühe, mich auszudrücken, ja ich habe sogar an meiner Arbeitsstelle den Ruf, dass ich das sehr gut kann. Und jetzt erlebte ich das „Nach-den-Brötchen-Fragen" als eine überdimensionale Aufgabe, bei der ich nicht wusste, ob ich ihr gewachsen war.

> » Und es ging weiter: Was ist, wenn du als Mensch nicht mehr funktionierst, was wird dann aus dir? Auf diese eine Frage läuft es bei ähnlichen Situationen immer hinaus, und dann überkommt mich jedes Mal eine Art Schauer. Schließlich stand ich vor der Theke, sagte etwas und verließ das Geschäft mit einer Tüte in der Hand.

> » Ich wusste, dass ich Brötchen gekauft und sogar bezahlt hatte – aber irgendwie kam mir der ganze Vorgang irreal vor. Hatte ich wirklich Brötchen gekauft? War ich es, der Brötchen gekauft hatte? Irgendwas fehlte mir, das mir erlaubt hätte, den ganzen Vorgang als „wirklich erfolgt" zu empfinden und ihn dann als abgeschlossen anzusehen. Auf dem Nachhauseweg tastete ich immer wieder nach den Brötchen, um sie wirklich zu spüren. Zu Hause angekommen, legte ich sie auf einen Teller und starrte sie lange an.

Eine andere Situation:

> » Letzte Woche auf der Autobahn. Vom Verkehr her verlief alles problemlos. Eine Zeit lang machte mir die Fahrt sogar richtig Spaß. Ich spürte meine Hände auf dem Lenkrad, alles schien glattzugehen, doch dann kam wieder so ein merkwürdiges Gefühl in mir hoch. Es war keine Angst. Eher so ein Gefühl, als würde ein Stück fehlen, das mir die Situation als „in Ordnung", als von mir kontrollierbar erscheinen ließe. Dann tauchte der Gedanke auf: Könnte jetzt etwas kommen, das dich außer Kraft setzt? Wie funktionierst du eigentlich? Ich spürte wieder die Hände auf dem Lenkrad, aber diesmal zusammen mit der Frage: Wie machst du das mit den Händen? Wie funktioniert das? Wird das weiter funktionieren? Kannst du überhaupt Auto fahren? Könntest du reagieren, wenn etwas Unvorhergesehenes passiert?

> » Ich versuchte in meinem Kopf durchzuspielen, was passieren könnte und wie ich darauf reagieren müsste, doch das Gefühl blieb. So ein Gefühl, dass etwas fehlt, damit es weitergehen kann. Ich merke, dass meine Hände mit aller Kraft auf das Lenkrad drückten, so als wollte ich mir beweisen, dass das alles ganz wirklich war, aber auch das half mir nicht viel.

> » Ich merkte dann, dass ich auf einen Rastplatz gefahren war, aber wie ich es genau getan hatte, war mir sehr undeutlich. Ich versuchte, in meinem Kopf „zurückzuspulen", um ein

klares Bild von dem zu bekommen, was abgelaufen war, doch auch das brachte kein Ergebnis, das mich beruhigt hätte. Die Frage war jetzt: Was ist eben passiert? Aber scheinbar war nichts passiert, zumindest nichts, was sich eindeutig benennen ließ. Ich dachte, dass ich zu meiner Familie muss, fing mich innerlich und nahm die Fahrt wieder auf.

3.2 Erläuterungen zum Unvollständigkeitsgefühl

Symptome des Unvollständigkeitsgefühls

Zustände wie die, die Marko uns beschrieben hat, nennen wir *Unvollständigkeitsgefühl*. Der Ausdruck gibt wieder, dass den davon Betroffenen irgendetwas fehlt, das ihnen erlauben würde,
- ein klares und deutliches Bild einer gegenwärtigen Situation zu erlangen,
- sich selbst darin, körperlich wie seelisch, als ein zusammenhängendes Ganzes zu spüren,
- ihr Tun als organisch und natürlich von der eigenen Person ausgehend zu erleben,
- ihr Handeln als „abgeschlossen" zu erleben, sodass sie davon ablassen können, und
- schließlich zufriedenstellende Erinnerungen daran zu haben.

Stattdessen taucht ein schwer zu beschreibendes Unbehagen auf, und sie haben das Gefühl, „wie im Nebel", wie „ein Automat" zu agieren oder agiert zu haben. Es tauchen ständig Fragen auf wie: „Kann ich das überhaupt? Was ist, wenn ich nicht mehr funktioniere? Habe ich das jetzt überhaupt getan?" Bis hin zu: „Wer bin ich überhaupt?"

Solche Zustände halten nicht ein Leben lang an. Sie werden dadurch besonders schmerzhaft, dass Betroffene (wie Marko) sich daran erinnern, wie angenehm, wie einfach doch alles vor der „Krise" gewesen sei, die diese Zustände mit sich brachte.

Auslöser für Unvollständigkeitsgefühle

Wir finden für solche Krisen immer wieder dieselben Anlässe. Es sind im Wesentlichen körperliche Erkrankungen, die den Gesamtorganismus schwächen, Erschöpfungszustände und starke Gefühle, die anlässlich kritischer Lebensepisoden auftreten.

Unvollständigkeitsgefühle treten in der Regel auch nicht in allen Situationen auf. Oft haben wir es mit Menschen zu tun, die in ganzen Bereichen ihres Lebens ohne Probleme und sehr kompetent funktionieren können. Trotz Störungen verschiedenen Grades in anderen Bereichen bleibt die Beziehung zur Wirklichkeit erhalten. Die Betroffenen sind nicht „verrückt" und leiden nicht an einer Psychose. Dennoch kann es vorkommen, dass sie (auch aufgrund von Fehlinformationen) massive Angst davor haben, schon daran erkrankt zu sein oder in Zukunft daran zu erkranken.

Wie wir bei Markos Schilderung gesehen haben, stellen Unvollständigkeitsgefühle für Betroffene ein gravierendes Problem dar, das sie in vielen Situationen ihres Lebens verunsichert. Doch auf dem Hintergrund eines „unvollständigen Erlebens" können *andere* Probleme und *neue* Formen von Störungen entstehen. Wie wir gesehen haben, hat Marko zu einem „Mittel" gegriffen, um sich in seiner Not zu helfen. Er hat versucht, durch Betasten und durch Anschauen der Brötchen ein größeres „Wirklichkeitsgefühl" in sich herzustellen: „Ich habe eingekauft, und die Brötchen sind wirklich da. Ich habe also wirklich eingekauft. Ich bin es also, der wirklich eingekauft hat." Dasselbe hat er mit dem Lenkrad gemacht: „Ich spüre mich selber und das Lenkrad meines Autos. Ich fahre also Auto, und alles ist in Ordnung."

Unvollständigkeitsgefühl als Bedrohungsseite

Wir erinnern uns an dieser Stelle an die Struktur von Zwangserkrankungen, die wir schon besprochen haben: Wir haben festgestellt, dass Zwangserkrankungen eine Bedrohungsseite und eine Abwehrseite haben.

Das diffuse Erleben stellt bei Marko die Bedrohung dar, und als Abwehr dagegen setzt er ganz spontan Mittel ein, die dem Bereich der Kontrollen zuzuordnen sind. Einerseits will er sich beweisen, dass er genügend Kontrolle über die jeweilige Situation hat („Ich kann Brötchen einkaufen"). Er will aber auch insofern Kontrolle über diese Episode erlangen, als er sich beweisen will, dass sie wirklich stattgefunden hat und abgeschlossen ist. Das Ganze ist also ein Versuch, die Bedrohung abzuwehren, mit dem Ziel, ein „Vollständigkeitsgefühl" herzustellen.

Kontrolle als Abwehr

Wenn Betroffene Unvollständigkeitsgefühle nicht ausreichend in den Griff bekommen und stoppen, können diese ausufern – mit dem Ergebnis, dass immer mehr Kontrollen stattfinden müssen. Diese werden schließlich so aufwendig, dass sie selbst zu einem größeren Problem werden. Wir sprechen dann von Kontrollzwängen.

Wir werden nun schildern, welche Maßnahmen Sie gegen Unvollständigkeitsgefühle und als Vorbeugung gegen solche negative Entwicklungen unternehmen können.

3.3 Wenn Sie betroffen sind

3.3.1 Was Ihnen Mut machen soll

Vielleicht stehen Sie in der aktuellen Phase Ihres Lebens unter dem negativen Einfluss einiger Situationen, bei denen Sie sich höchst unwohl und unsicher gefühlt haben. Das hat Sie mutlos gemacht und lässt Sie ängstlich in die Zukunft blicken, vielleicht verbunden mit der Frage, wohin das alles führen soll.

Erhaltene Fähigkeiten

Halten Sie zunächst einen Augenblick inne, und blicken Sie zurück. Ziehen Sie Bilanz, indem Sie sich fragen: Was habe ich in meinem Leben alles schon erreicht? Zu welchen Leistungen war ich fähig, wenn ich die Situation überblicken konnte und in der Lage war, mich innerlich zu aktivieren und meine Kraft zu mobilisieren? – Eine ganze Menge, wie Sie feststellen werden. Die Fähigkeiten von damals sind nicht zerstört oder endgültig verloren gegangen.

Was ist dann passiert? Warum fühlen Sie sich nicht mehr so sicher, so klar und leistungsfähig wie früher? In Ihrem Leben haben kritische Ereignisse oder negative Entwicklungen stattgefunden, die dafür verantwortlich sind, dass Ihre seelische Spannkraft momentan geschwächt ist. Dadurch entstehen die negativen Zustände, die Sie beklagen und die es Ihnen erschweren, so zu handeln wie früher. Sie gehören also nicht zum Kern Ihres Wesens, sodass sie endgültig und nicht korrigierbar wären. Sie können lernen und üben, Ihre Funktionen nach und nach so zu verbessern, dass Sie mit der Zeit Situationen immer besser überblicken, immer sicherer handeln und ein zufriedenstellenderes Gefühl dabei empfinden können. Das gilt für Ihren Gesamtzustand, aber auch für die Situationen, die Ihnen besonders problematisch erscheinen und bei denen Unvollständigkeitsgefühle sich momentan manchmal geradezu austoben. Wir schlagen Ihnen jetzt Übungen vor, die Ihnen dabei helfen können.

3.3.2 Übungen

Übungen zum Ich-Erleben

Ich-Erleben

Auf dieser Stufe sollten Sie sich selbst sowohl in Bezug auf Ihren Körper als auch in Bezug auf verschiedene seelische Funktionen aus einem neuen Blickwinkel beobachten und erleben. Bis jetzt fühlen Sie sich in einem gewissen Maße von sich selbst entfremdet. Durch einfache Erfahrungen soll damit begonnen werden, dieses gestörte Verhältnis zu reparieren.

Körper- und Spürübungen

Konzentrieren Sie sich (zuerst 15 Sekunden, dann länger, schließlich bis zu 3 Minuten) auf einen bestimmten Körperteil wie die rechte Hand oder das linke Bein. Versuchen Sie diesen Körperteil dabei intensiv und als zu Ihnen gehörend zu erleben.

Um Ihren Kontakt zum Boden zu erleben, stellen Sie sich vor eine Wand, und lassen Sie den Oberkörper nach vorne fallen; die Hände an der Wand stützen ihn ab. Achten Sie während der Übung vor allem auf Ihre Füße, und spüren Sie möglichst intensiv den Kontakt, den Sie mit der Erde haben.

Wenn Sie irgendwo hingehen, z. B. in einen anderen Raum, dann versuchen Sie, sich darin zu „etablieren". Sie stellen sich an einer bestimmten Stelle hin und erleben sich als Mittelpunkt dieses Teils des Raumes, den Sie einnehmen. Ihre Füße stehen fest auf dem Boden, Ihren Kopf halten Sie so, dass Sie den Raum möglichst vollständig überblicken. Ihre Brust ist so frei, dass Sie mühelos ein- und ausatmen können. Sie positionieren sich auf diese Art fest in einem für Sie zunächst fremden Territorium. Sie haben ein Recht auf den Raum, den Sie einnehmen, und spüren sich ganz deutlich körperlich wie seelisch als sein Zentrum.

Übung zum Aufspüren von eigenen Wünschen und Bedürfnissen

Sie begeben sich in eine frei gewählte Situation, gehen also z. B. in ein Kaufhaus oder in einen Park, und registrieren so genau wie möglich, welche Empfindungen, Gefühle, Bedürfnisse und Wünsche sich bei Ihnen bemerkbar machen. Sie stellen fest, was einen Anreizcharakter für Sie hat, was Ihnen gefällt oder was Ihnen interessant erscheint. Sie haben dabei keinerlei Verpflichtungen, etwas zu üben, und können frei schalten und walten, wie Sie wollen. Es bleibt Ihnen überlassen, ob Sie irgendwelche Aktivitäten entwickeln oder nicht.

Übung zur Wahrnehmung von seelischen Abläufen

Um seelische Abläufe wie Entscheidungen treffen, Vorsätze fassen usw. besser wahrnehmen zu lernen, stellen Sie sich Fragen wie: „Habe ich gestern oder heute schon eine Entscheidung getroffen, und wenn ja, welche?" Ergänzen Sie Sätze wie:
- „An meiner Arbeitsstelle will ich wirklich …"
- „Nächstes Wochenende will ich wirklich …"
- „In meiner Wohnung habe ich vor, …"

Beobachten Sie, was dabei in Ihnen vorgeht. Lernen Sie echte Vorsätze, bei denen Sie ein Gefühl der Entschlossenheit verspüren, von Pseudovorsätzen zu unterscheiden, die nur einen

Moment wie schwarze Fledermäuse durch Ihren Kopf flattern und zu nichts führen.

Übungen zur Verhaltenssteuerung

Erlebte Bewegungen

Ganz wichtig für den Umgang mit Ihren Problemen sind Übungen, bei denen Sie sich selbst bei der Ausführung von Bewegungen beobachten, und Übungen, bei denen Sie die Ausführung von Handlungen innerlich begleiten. Auf diese Weise können Sie, beginnend mit einfachen Fällen, ein immer stärkeres Gefühl der Kontrolle und der Steuerung des eigenen Verhaltens entwickeln.

Zunächst könnten Sie üben, einfache Bewegungsabläufe durchzuführen, indem Sie auf Papier oder in die Luft zeichnen. Wählen Sie dabei unkomplizierte Aufgaben wie das Skizzieren eines Baumes usw. Auch alltägliche Handlungen wie jemandem die Hand geben, ein Gerät bedienen usw. können Sie auf eine neue Art innerlich begleiten. Die Hauptaufgabe besteht immer darin, sich ganz intensiv auf die inneren Wahrnehmungen zu konzentrieren, d. h., alle Empfindungen zu registrieren, die in den einzelnen Körperteilen zu spüren sind.

Andere Übungen betreffen den gezielten Umgang mit Nähe und Distanz. Nähern Sie Ihre Hand einem Gegenstand, z. B. einer Tasse, halten Sie an, und beschließen Sie dann, die Tasse anzufassen oder nicht anzufassen. Auf der Straße können Sie sich bestimmten Menschen annähern, bis hin zu der bewussten Entscheidung, sie zu streifen oder sie leicht anzurempeln. Sie sollen dabei jedes Mal die klaren Grenzen zwischen Ihnen und Teilen der Außenwelt erfassen und sich der Aktionen bewusst werden, die notwendig sind, um die Distanz zu ihnen zu verringern.

Übungen zum Erleben der eigenen Person als Einheit

Die eigene Person als Einheit erleben

Bei diesen Übungen geht es darum, komplexere Aktivitäten auszusuchen, zu planen, vorzubereiten und durchzuführen. Die neuen Erfahrungen sollen darin bestehen, dass Sie sich bei jedem dieser Abschnitte genau beobachten und ein neues Gefühl für sich selbst entwickeln. Gemeint ist ein Vollständigkeitsgefühl, wie es jemand hat, der sein Verhalten selbst plant und steuert, statt wie im Nebel herumzutappen. Marko nannte diesen Zustand: „klare Gedanken haben". Er sah ihn für sich als gegeben an, wenn folgende Bedingungen hergestellt waren: klarer Kopf, fester Körper, Überschauen der Umgebung, flottes, aber nicht hektisches Handeln.

Gegenstand Ihrer ersten Übungen können ganz einfache und alltägliche Aktivitäten sein, z. B., einen Einkauf vorzubereiten und durchzuführen. Es kommt einzig und allein auf

das damit einhergehende Erleben an. Dabei sind folgende Schritte von großer Bedeutung:
- Gefühl der Spannkraft im eigenen Körper herstellen.
- Prüfen der eigenen Wunsch- und Motivlage: Was will ich tun?
- Fassen einer Absicht und eines Plans: Wie will ich es tun?
- Klare Wahrnehmung der Umgebung.
- Deutliches Signal zu Beginn.
- Innere Begleitung der Bewegungsabläufe mit einem deutlichen Gefühl der Steuerung.
- Registrierung der Ergebnisse des eigenen Handelns.
- Klare Beendigung.

Jedes Mal, wenn Sie merken, dass Ihr Wirklichkeitsgefühl nachlässt, sollen Sie für kurze Zeit unterbrechen, sich innerlich neu mobilisieren und dann fortfahren.

Übungen zum Erleben und Fördern von Gefühlen

Nehmen Sie sich ein wichtiges Gefühl wie Freude vor. Als Erstes versuchen Sie sich an drei wichtige Situationen zu erinnern, in denen Sie sich in letzter Zeit richtig gefreut haben. Der Reihe nach versuchen Sie sich die einzelnen Situationen so genau wie möglich zu vergegenwärtigen: Wo war es? Wie war es? Wer war alles dabei? Was ist mir widerfahren? Wie habe ich reagiert? usw. Sie versuchen jedes Mal, sich so intensiv wie möglich in das entsprechende Gefühl hineinzugeben. Bleiben Sie so lange bei jeder Situation, bis sie innerlich „verblasst".

Fördern von Gefühlen

Nun stellen Sie sich drei zukünftige Situationen vor, in denen Sie sich freuen werden. Sie versuchen wieder, sich in der Vorstellung so intensiv wie möglich in die einzelnen Situationen hineinzuversetzen. Dabei legen Sie besonderen Wert auf den jeweiligen Ausdruck der Freude, die Sie empfinden. Sie können sich ruhig in einer Art Rollenspiel mit sich selbst (z. B vor dem Spiegel) in den entsprechenden Zustand hineinversetzen: Wie drückt sich Freude in meinem Gesicht aus? Wie ist meine Körperhaltung, wie bewege ich mich? Wie teile ich meine Freude anderen mit? Wie fühlt sich Freude für mich an? Kommen mir bestimmte Gedanken, Erinnerungen und Fantasien?

Führen Sie ähnliche Übungen mit den wichtigsten Gefühlen durch, die Sie besser kennenlernen möchten und die Sie intensiver empfinden wollen.

Benutzen Sie auch spontan Ereignisse des täglichen Lebens, um Ihr Gefühlsleben (und damit einen wichtigen Teil Ihres inneren Reichtums) zu aktivieren. Achten Sie darauf, aufkommende Gefühle nicht gleich wegzudrücken, sondern

Übungen im täglichen Leben

stellen Sie sich ihnen, und halten Sie sie aus, auch wenn sie am Anfang vielleicht etwas schmerzhaft sind.

Menschen, die ihre Zwänge teilweise oder ganz überwunden haben, berichten uns immer wieder, wie viel erfreulicher ihr „Innenleben" geworden sei, und alle sind erfreut über die Tatsache, dass sie wieder besser „fühlen" können. Das erlaubt ihnen, ihr Leben als ganze Person immer vielfältiger zu gestalten. Das soll auch Ihr Ziel sein.

Kontrollieren und absichern

Inhaltsverzeichnis

4.1   **Der Fall Carla – 30**

4.2   **Erläuterungen zum Kontrollzwang – 32**
4.2.1   Auftreten der Störung – 32
4.2.2   Kontrolle als Abwehr – 32
4.2.3   Hilfsmittel – 33
4.2.4   Innere Verfassung bei den Kontrollen: das Unvollständigkeitsgefühl – 34
4.2.5   Beurteilungskriterien – 34

4.3   **Über die Ursachen von Kontrollzwängen – 35**

4.4   **Wenn Sie betroffen sind – 36**
4.4.1   Was Ihnen Mut machen soll – 36
4.4.2   Übungen – 38

© Der/die Autor(en), exklusiv lizenziert durch Springer-Verlag GmbH, DE, ein Teil von Springer Nature 2021
N. Hoffmann, B. Hofmann, *Wenn Zwänge das Leben einengen*,
https://doi.org/10.1007/978-3-662-62267-4_4

4.1 Der Fall Carla

Carlas Leidensweg

Carla ist 55 Jahre alt, geschieden und lebt allein. Sie ist Angestellte und hat keinerlei Schwierigkeiten im Beruf. Ihre Zwangssymptomatik stellt sich folgendermaßen dar: Irgendwann am Abend, meist gegen 21 Uhr, muss sie mit der „Arbeit" beginnen. Tagsüber denkt sie oft daran, wie der Abend wohl verlaufen wird. Sie ist dann jedes Mal sehr angespannt und ängstlich. Überhaupt findet sie, dass ihr ganzes Leben durch den Zwang sinnlos geworden ist. Am Abend versucht sie den Beginn der „Arbeit" jedes Mal hinauszuschieben, entschließt sich dann aber doch, es hinter sich zu bringen. Zu kontrollieren sind: die Wasserhähne, der Elektroherd, die Lampen, der Fernseher und ein Kammerfenster.

Sie fängt mit den Wasserhähnen an. Sie dreht jeden Wasserhahn mit aller Kraft nach rechts, immer wieder. An der Wand ist ein Pfeil aus leuchtend gelbem Kunststoff angebracht, der ihr die Richtung zeigt, in die sie drehen muss. Carla sagt halblaut vor sich hin: „Nach rechts, nach rechts, nach rechts ..." Ihre Hände fangen an zu schmerzen, sie haben auch schon mal geblutet. Die Hähne sind oft beschädigt durch diese Prozedur. Der Installateur wundert sich dann jedes Mal, wie das nur passieren konnte. Das ist ihr so peinlich, dass sie die Handwerker immer wieder wechselt. Sie dreht immer noch. Dann hört sie auf und schaut in den Abfluss, in jedes einzelne der kleinen Löcher, und versucht festzustellen, ob Wasser zu sehen ist. Das kann über eine halbe Stunde dauern. Irgendwann kann sie aufhören und zum Elektroherd gehen.

Am Herd sind um jeden Knopf herum gelbe Markierungen angebracht, um die Stelle besser sichtbar zu machen, wo der Herd auf „Aus" gestellt ist. An der Wand befinden sich große gelbe Ausrufezeichen an der entsprechenden Seite. Sie legt die Finger um jeden einzelnen Knopf, dreht in Richtung „Aus" und sagt halblaut: „Eins: aus, zwei: aus, drei: aus." Sie lässt los. Sie hat nicht das Gefühl, dass der Herd in Ordnung ist. Jetzt muss sie die ganze Prozedur viermal wiederholen. Sie fühlt sich innerlich leer, wie wenn sie nicht ganz da wäre. „Wie im Traum", beschreibt sie den Zustand. Endlich kann sie den Knopf loslassen. Der nächste kommt dran. Irgendwann hat sie das Gefühl, der Herd sei in Ordnung, aber sie kann sich nur schwer davon lösen. Sie bleibe daran kleben, meint sie. Immer wieder starrt sie ihn an. Sie weiß: Wenn sie zu lange hinschaut, kann das einigermaßen sichere Gefühl vergehen, und sie muss von Neuem anfangen. Schließlich gelingt es ihr, sich loszureißen.

Zum Kammerfenster. Sie dreht am Fenstergriff, immer wieder, wie an den Wasserhähnen. Die Zeit vergeht. Sie kommt

4.1 · Der Fall Carla

zum Fernseher. Sie traut sich meistens nicht mehr, ihn tagsüber einzuschalten, aber sie muss trotzdem jeden Abend den Stecker kontrollieren. Sie sieht ihn auf der Erde liegen, herausgezogen. Aber sie starrt auf die Scheibe. Sie hat kein gutes Gefühl. Sie versucht sich vorzustellen, wie hell die Scheibe ist, wenn der Apparat läuft, aber auch so kommt sie nicht recht weiter. „Der Stecker liegt ja auf der Erde", sagt sie sich, aber das ungute Gefühl bleibt. In solchen Augenblicken fängt sie häufig an zu weinen. Irgendwann wird das Gefühl doch besser, aber sie hat immer noch Schwierigkeiten, sich zu lösen. Sie versucht, die Objekte, die sie kontrolliert hat, nicht mehr anzuschauen. Es könnte sonst alles von Neuem beginnen. Jetzt zu jeder einzelnen Lampe. Sie sieht sie wie verschwommen, fasst jede Glühbirne an und murmelt: „Sie ist nicht heiß." Die Flurlampe fürchtet sie besonders. Hier dauert es oft sehr lange. Sie ist dann sehr verzweifelt. „Einmal lag ich im Dunkeln auf der Erde und weinte bitterlich, weil ich nicht das Gefühl hatte, dass die Lampe in Ordnung ist", erzählt sie.

Auf die Frage, was denn passieren könnte, wenn sie zu Bett ginge und eine Lampe weiter brennen ließe, weiß sie keine rechte Antwort. Es hätte dann nicht alles seine Ordnung. Vielleicht könnte auch Feuer ausbrechen und die Nachbarn gefährden, obwohl dies eigentlich kaum möglich sei.

Wenn Carla fertig ist, sind manchmal zweieinhalb Stunden vergangen. Sie ist sehr erleichtert und kann noch etwas mit dem Abend anfangen. Sie geht zu Bett und liest. Die Nachttischlampe wird ihr noch etwas Mühe bereiten, aber das ist nicht so schlimm. Carla ist müde. Wie wird es morgen wohl gehen? Sie schläft ein.

Selten, wenn sie gar nicht weiterkommt, holt sie den Nachbarn, einen freundlichen jungen Mann, dem sie, wenn auch vorsichtig, von ihrer „Marotte" erzählt hat. Er sieht dann hin und sagt jeweils: „Carla, das Ding ist okay." Er hat dann die Verantwortung, und es geht sehr schnell. Manchmal, um der Qual zu entgehen, wohnt Carla bei einer Freundin. Dann kann sie abends auch etwas unternehmen. In der Wohnung der Freundin hat sie keinerlei Schwierigkeiten und betätigt auch Lichtschalter. Die Freundin wird ja aufpassen.

Delegation der Verantwortung

Carlas Kontrollzwang begann vor elf Jahren. Nach ihrer Scheidung zog sie mit ihrem Sohn in eine neue Wohnung, kurze Zeit danach begannen die ersten Unsicherheiten mit vermehrten Kontrollen. Seitdem ist sie nie ganz symptomfrei gewesen, obwohl es Schwankungen gab. Alles in allem verschlechterte sich ihr Zustand allmählich. Carla nimmt ihren Beruf sehr ernst, ist aber darin keineswegs zwanghaft. Sie erinnert sich, als Kind kleine Rituale eingehalten zu haben, die sie aber für normal hält.

4.2 Erläuterungen zum Kontrollzwang

Wir wollen nun einige Aspekte aufzeigen, die für das Verständnis der Störung und die nachfolgenden Selbsthilfemaßnahmen wichtig sind.

4.2.1 Auftreten der Störung

Wir haben gesehen, dass Carlas zwanghafte Kontrollen nicht in allen Lebensbereichen auftreten, sondern sich auf ihren häuslichen Bereich beschränken. Obwohl sie beruflich eine verantwortungsvolle Tätigkeit ausübt, ist sie hier symptomfrei. Auch wenn sie z. B. das Haus verlässt, um zur Arbeit zu gehen, sieht sie bloß kurz nach dem Rechten wie andere auch. Die Kontrollen beschränken sich auf die Abendstunden, wenn der Tag sozusagen symbolisch abgeschlossen wird.

Kontrolliert werden Gegenstände, die sich durch ihre Beschaffenheit besonders gut dafür eignen: Jeder sieht mal nach, ob der Herd auch wirklich aus ist, und jeder hat schon von Wohnungsbränden gehört, die durch einen implodierenden Fernseher entstanden sind. Kontrolliert wird also dort, wo Kontrolle naheliegend ist. Allerdings hat die Art, wie kontrolliert wird, nichts mehr mit normaler Vorsicht zu tun.

Ordnungsgemäßer Tagesabschluss

Carla verspürt ein starkes Bedürfnis, ihren Tag und damit diesen Abschnitt ihres Lebens ordnungsgemäß abzuschließen. Dann hat sie ein wenig Ruhe verdient. Eigenverantwortung ist wichtig für sie. Ihrer Qual und Mühe nach zu urteilen, verhält sie sich so, als sei diese Verantwortung zu schwer für sie. Sie ist sehr froh, wenn sie diese Verantwortung ganz oder teilweise abgeben kann. Dann ist der Nachbar eine willkommene Hilfe. Wenn sie nicht zu Hause ist, sondern in einer völlig fremden Umgebung, ist ihr die ganze Last abgenommen. Sie genießt dann ihre Freiheit sehr.

4.2.2 Kontrolle als Abwehr

Wenn Carla befragt wird, was sie mit ihren wiederholten Kontrollen bezweckt, so antwortet sie, sie wolle Unheil vermeiden. Dabei hat sie keine besonders genaue Vorstellung von dem, was sie abzuwenden versucht. Sie hat keinen quälenden Gedanken an Brände, Überschwemmungen oder Einbrecher. Es ist vielmehr die Angst, dass anderen durch ihre Unachtsamkeit etwas Schreckliches widerfahren könnte. Sie versucht also mit allen Mitteln, nicht schuldig zu werden.

4.2 · Erläuterungen zum Kontrollzwang

Wenn ich mich vor etwas fürchte, so gibt es zweierlei Arten, dagegen vorzugehen. Erste Möglichkeit: Ich kann die Situationen meiden, in denen die Gefahr auftreten könnte. Ich vermeide also passiv. Jemand, der Angst hat, in der U-Bahn einen Schwächeanfall zu erleiden, versucht unter allen Umständen, nicht mit der U-Bahn zu fahren. Er vermeidet (passiv) die Situation, in der er sich gefährdet sieht.

Carlas Kontrollen gehören zur zweiten Form der Vermeidung: Carla geht jeden Abend auf die Dinge zu und versucht sie in Ordnung zu bringen. Man spricht in diesem Fall von aktiver Vermeidung. Allerdings haben wir gesehen, dass Carla gelegentlich auch von der passiven Vermeidung Gebrauch macht, nämlich dann, wenn sie zur Freundin zieht. Dadurch geht sie der ganzen Situation aus dem Weg. Das ist angenehmer, denn die passive Vermeidung ist fast immer bequemer als die aktive.

Sie begnügt sich ja meist auch nicht damit, zu überprüfen, ob die Dinge in Ordnung sind, sondern versucht aktiv auf sie einzuwirken, indem sie z. B. die Hähne immer wieder in die richtige Richtung dreht.

Passive und aktive Abwehr bei Angst

4.2.3 Hilfsmittel

Typisch für Zwangserkrankungen ist, dass Betroffene versuchen, sich Hilfsmittel zu organisieren, um besser mit ihren Ängsten umgehen zu können. Ihre Mühe und ihr Erfindungsreichtum gelten immer wieder dem Versuch, die Gefahren zu umgehen. Dafür fragen sie sich selten, ob ihre Ängste überhaupt begründet sind. So sind sie im eigenen System gefangen.

Auch Carla setzt zwei Hilfsmittel ein, die für ihre innere Verfassung bei den Kontrollen sprechen. Die Richtung, in die sie drehen muss, hat sie markiert. Ist sie dumm? Im Gegenteil, sie ist sehr intelligent. Sieht sie schlecht? Nein, normalerweise sieht sie sehr gut. Sie ist anscheinend „im Zwang" in einer für sie ungewöhnlichen inneren Verfassung. So braucht sie Hilfsmittel, die in ihrem Leben sonst überflüssig sind.

Als zweite Hilfe dient ihr eine Art Selbstgespräch. Sie sagt sich halblaut vor, was sie als Nächstes tun muss („Hahn nach rechts drehen"). Ist sie unfähig, komplexe Tätigkeiten richtig auszuführen? Natürlich nicht, im Beruf wird sehr geschätzt. Schon an den Hilfsmitteln sehen wir, dass Carla bei ihren zwanghaften Kontrollen in einer anderen Verfassung ist als sonst.

4.2.4 Innere Verfassung bei den Kontrollen: das Unvollständigkeitsgefühl

Wie im Nebel

Geben wir Carla das Wort: „Wenn ich die Wasserhähne anschaue, sehe ich sie wie verschwommen. Ich fühle mich wie im Traum, als wäre ich nicht ganz da. Ich sehe die Dinge, und gleichzeitig traue ich meinen Augen nicht. Ich habe einen Knopf auf ‚Aus' gestellt, weiß es auch, habe aber trotzdem nicht das Gefühl, dass ich es getan habe. Dann fange ich halt noch mal von vorne an."

Was sie hier beschreibt, sagen auch andere Patienten mit dieser Störung, aber fast immer nur dann, wenn man sie gezielt danach fragt. Es handelt sich dabei um ein eigenartiges Gefühl, das sie fast ausschließlich bei den Zwangskontrollen haben. Es ist das Gefühl, „nicht ganz da" zu sein, die eigenen Handlungen nicht selbst auszuführen – ein Gefühl der „Unvollständigkeit". Dieser Zustand hat vermutlich mit einem unnormalen Absinken der psychischen Spannkraft zu tun. Nicht zuletzt um dieses sehr unbefriedigende Gefühl loszuwerden, wiederholen zwanghaft Kontrollierende ihre Handlungen immer wieder. Man könnte sagen, sie wollen sich endlich wieder als ganze Person fühlen und ein Erleben herstellen, das man folgendermaßen umschreiben könnte: „Ich habe den Hahn abgedreht, ich war dabei voll da, und ich weiß jetzt genau, dass es so ist, und ich kann jetzt damit aufhören."

4.2.5 Beurteilungskriterien

Falsche Beurteilungskriterien

Um eine Entscheidung zu treffen, brauche ich Beurteilungskriterien. Um festzustellen, ob es regnet oder nicht, schaue ich, ob ich Tropfen fallen sehe, ob sich Pfützen auf der Straße bilden oder ob ich das Prasseln des Regens auf dem Blechdach höre. In den seltensten Fällen werde ich auf all das verzichten und stattdessen meine Intuition oder meine böse Hüfte befragen.

Wie geht Carla vor? Auch sie muss ja entscheiden, ob die Wasserhähne in Ordnung sind, d. h., ob Wasser herausrinnt oder nicht. Sie muss das Gefühl haben, dass die Wasserhähne in Ordnung sind. Wenn sie hinschaut, will sich das Gefühl nicht richtig einstellen. Jetzt versucht sie es aktiv herzustellen. Sie dreht mit ganzer Kraft den Hahn nach rechts. Noch immer nicht das richtige Gefühl. Sie macht weiter, bis sie endlich zufrieden ist, und das kann lange dauern.

Sie hat also letzten Endes andere Beurteilungskriterien als wir. Wir urteilen danach, ob wir das Wasser rinnen sehen oder nicht. Wenn nicht, ist die Angelegenheit für uns erledigt.

Erinnern Sie sich an Carlas Ausspruch: „Einmal lag ich im Dunkeln auf der Erde und weinte bitterlich, weil ich nicht das Gefühl hatte, dass die Lampe in Ordnung ist"? Hier stoßen wir auf eines der merkwürdigsten Phänomene bei Kontrollzwängen überhaupt. In vielen Fällen wissen die Kranken vor und während der Kontrolle, dass der zu kontrollierende Sachverhalt in Ordnung ist. Aber sie sind nicht zufrieden mit ihrem Erleben. Dieses Erleben ist es, das sie durch weitere Kontrollen verändern wollen.

In diesem Sinne ist der Kontrollzwang als Krankheit etwas anderes als die Kontrollen, die genaue und penible Menschen vornehmen, die auf Nummer sicher gehen wollen. Das innere Erleben während der Kontrolle ist ein anderes, und der Zweck der Kontrolle ist letztendlich auch ein anderer. „Mein Kontrollieren ist im Grunde nur ein Vorwand, eigentlich will ich etwas an mir verändern" – so hat es ein Patient einmal ausgedrückt.

4.3 Über die Ursachen von Kontrollzwängen

Fragen Sie nie nach der Ursache einer seelischen Störung, weder bei sich noch bei anderen. Auch Therapievorstellungen, die davon ausgehen, dass man bei einem seelischen Problem die Ursache aufdecken und beseitigen müsse, sind sachlich falsch und damit unsinnig. Es gibt die Ursache nicht. Wenn wir über die Gründe seelischer Störungen nachdenken, so ergibt sich ein ganz anderes Bild: Es gibt immer mehrere Teilursachen, die zu einer Krankheit führen.

Bündel von Ursachen

Warum einige Menschen an Kontrollzwängen leiden, ist noch nicht restlos geklärt, doch man kann schon eine Reihe von Hinweisen geben. So haben Personen, die dazu neigen, Kontrollzwänge zu entwickeln, einige Charakterzüge gemeinsam.

Auf der einen Seite reagieren sie sehr empfindlich auf Kritik. Spüren sie nur die Möglichkeit von Vorwürfen oder Ablehnung, so reagieren sie gleich stark mit Schuldgefühlen und Ängsten.

Auf der anderen Seite haben sie gelernt, aktiv an Dinge heranzugehen. Sie setzen hohe Maßstäbe für Verantwortung, Leistung und Genauigkeit. Aus Angst, sie nicht zu erfüllen, sind sie seit früher Kindheit daran gewöhnt, ihre Aufgaben so zu erledigen, dass sie keinen Anlass zu Kritik geben.

Verantwortung, Leistung, Genauigkeit

Diese beiden Einstellungen, Kritikempfindlichkeit und aktive Herangehensweise, haben mit Sicherheit ihren gemeinsamen Ursprung in einem familiären Milieu, in dem sie oft kontrolliert und kritisiert wurden. Zumindest einer der Elternteile hat die Erziehung in diese Richtung geprägt.

Im Erwachsenenalter können dann bei Belastungen starke Ängste vor eigenen Fehlern ausbrechen. Wir haben gesehen, dass bei Carla die ersten Kontrollhandlungen nach ihrer Scheidung auftraten. Sie musste die Verantwortung für das Familienleben und den Sohn übernehmen. Die Angst, etwas falsch zu machen, kann sich dann auch – mehr symbolisch – an einfachen Tätigkeiten im Haushalt festmachen. Welche Rolle das Moment der Eigenverantwortung dabei spielt, zeigt sich darin, dass die Ängste verschwinden, wenn die Verantwortung von einem anderen getragen wird. Zu diesen Teilursachen kommt mit großer Wahrscheinlichkeit noch die Tendenz zum Unvollständigkeitsgefühl. Wie diese Tendenz entsteht, ist noch nicht geklärt. Durch sie werden die Kontrollen immer häufiger und nehmen immer mehr Zeit in Anspruch, weil ein zufriedenstellender innerer Zustand so schwer herzustellen ist.

Im Laufe dieser Entwicklung wird die Kontrollsituation immer undeutlicher und unstrukturierter. Es entstehen immer „schwammigere", gefühlsbetonte Kriterien, mit denen die Ergebnisse der eigenen Handlungen schwer zu beurteilen sind.

Das vermehrte Kontrollbedürfnis verselbstständigt sich mit der Zeit. Es wird zu einem eigenen Problem, das das ganze Leben beeinträchtigt. Auch wenn die Gründe, die für die ganze Entwicklung ausschlaggebend waren, weitgehend verschwunden sind, bleibt der Kontrollzwang bestehen. Allerdings schwankt die Störung, gemessen an der Anzahl der benötigten Kontrollen, mit der gesamten psychischen Verfassung. Bei Niedergeschlagenheit oder vermehrtem Stress wird der Zwang schlimmer, in besseren Zeiten kann er abnehmen, verschwindet aber in den seltensten Fällen ganz von allein.

4.4 Wenn Sie betroffen sind

4.4.1 Was Ihnen Mut machen soll

Kontrollzwänge sind bereichsbezogen

Der Kontrollzwang ist eng mit dem vergangenen und gegenwärtigen Leben eines Menschen verbunden, steht also keineswegs isoliert da. Dennoch müssen in der Psychotherapie oder im Rahmen von Selbsthilfe die Zwangssymptome als solche mit geeigneten Mitteln abgebaut werden. Durch bloßes Nachdenken oder durch Reden über allgemeine Lebensprobleme wurde noch kein Zwanghafter geheilt. Dafür ist die Eigendynamik der Zwänge viel zu mächtig.

Dennoch haben Sie, wenn Sie an Kontrollzwängen leiden, gute Gründe zu hoffen, dass Sie sich davon befreien können. In vielen Fällen sind schon konsequent durchgeführte Selbsthilfemaßnahmen in der Lage, Ihre Situation entscheidend zu verbessern. Was rechtfertigt diesen Optimismus?

Denken Sie doch einmal zurück, und vergegenwärtigen Sie sich einiges von dem, was Sie in dieser Woche schon getan haben. Je nachdem, wie Ihre Lebenssituation aussieht, haben Sie Ihren Beruf ausgeübt, und das war nicht immer leicht. Es gab dabei vieles zu berücksichtigen und einiges zu entscheiden. Sie mussten sich informieren, sich einen Überblick verschaffen, sich konzentrieren usw., und das ging meistens ganz gut. Auch Ihr Privatleben hat Sie an einigen Stellen ganz schön gefordert. Auch dabei mussten Sie vielleicht das eine oder andere Problem lösen, und das ging nicht von selbst. Vielleicht sind Sie auch Auto gefahren, haben mit Ihren Kindern Schulaufgaben gemacht und vieles andere mehr.

Warum wir Sie an all das erinnern? Ganz einfach, weil wir Ihnen zeigen wollen, dass Sie die meiste Zeit Ihres Lebens funktionstüchtig sind und sich so kompetent verhalten, dass Sie den Herausforderungen sehr wohl gewachsen sind. Ihr Problem kann also nicht in einer „allgemeinen Funktionsuntüchtigkeit" begründet sein, mit der Sie für immer leben müssten. Sie bewältigen eine ganze Reihe von Situationen, die viel komplizierter sind als die, die vom Zwang betroffen sind. Was ist komplizierter: ein wichtiges Gespräch mit einem Mitarbeiter führen oder eine Tür schließen? Auto fahren oder einen Wasserhahn überprüfen? Die Situationen, die Ihnen am meisten Schwierigkeiten machen, sind in der Regel ganz banale, bei denen – außer Ihrem Zwang – nicht viel los ist. Die Dinge, mit denen Sie sich herumschlagen, wie Fenstergriffe oder Herdplatten, sind ganz einfache Objekte, die geschaffen wurden, um Ihnen zu dienen und damit Ihr Leben zu erleichtern. Es ist nicht vorgesehen, dass sie Ihnen stattdessen immer wieder das Leben zur Hölle machen. Wie konnte es dazu kommen, dass diese Dinge sozusagen weitgehend die Macht über Sie ergriffen haben?

Keine allgemeine Funktionsuntüchtigkeit

Das ist so gekommen, weil Sie unter dem Druck bestimmter Ereignisse falsche Gewohnheiten im Umgang mit ihnen entwickelt haben, die sich allmählich verselbstständigt haben und Ihnen über den Kopf gewachsen sind. Es ist selbstverständlich, dass wir im täglichen Leben bestimmte Dinge im Auge behalten müssen, d. h., es ist ganz normal, dass wir auch einmal ihren Zustand kontrollieren. Doch Sie haben dabei eine falsche Art des Kontrollierens gewählt, die immer verschrobener und damit mühsamer und wirkungsloser geworden ist. Das hat Sie in die Sackgasse geführt, in der Sie sich jetzt befinden. Was ist nun zu tun?

Falsche Gewohnheiten

Sie müssen sich zuerst das, was Sie falsch machen, ins Bewusstsein bringen, damit Sie Ihren Kontrollzwang besser durchschauen und seine Sinnlosigkeit entlarven können. Dann müssen Sie lernen, sich vor kritischen Situationen „den Kopf frei zu machen" (was er ja meistens ist, wenn Sie außerhalb des Zwanges handeln). Sie werden lernen, einfache Pläne aufzustellen und umzusetzen, die Sie wieder zum Subjekt der gefürchteten Situationen machen: *Sie* haben den Überblick, *Sie* entscheiden, was zu tun ist, und *Sie* stellen fest, dass etwas erledigt ist. Dafür wird Ihr Urteil im Laufe der Übungen immer sicherer werden, und Sie können sich immer besser gegen anflutende Gefühle wie Angst durchsetzen. Auf diese Art lernen Sie, den Dingen und sich selbst wieder zu vertrauen. Ist das kein lohnenswerter Weg?

4.4.2 Übungen

Klare Therapieprinzipien

Wir beschäftigen uns seit vielen Jahren mit Kontrollzwängen und haben eine therapeutische Strategie entwickelt, die, wenn sie konsequent angewandt wird, in der Praxis sehr gute Erfolge erzielt. Da sie auf wenigen, klaren Prinzipien beruht, ist sie auch in der Selbsthilfe gut anwendbar.

Wir wollen nun, anknüpfend an das bisher Gesagte, die einzelnen Schritte der Durchführung am Beispiel von Carlas Symptomen beschreiben. Selbstverständlich lassen sich die Prinzipien auch auf anders gelagerte Probleme übertragen, vorausgesetzt, Kontrollen stehen im Mittelpunkt.

Erlernen „normalen" Kontrollierens

Allgemeines Ziel ist, die Unsicherheit im Umgang mit den betreffenden Gegenständen oder Situationen auf ein Maß zu reduzieren, das dem Sicherheitsgrad bei der normalen Vorgehensweise gleich- oder nahekommt.

- **Erster Schritt: Liste der Kontrollen erstellen**

Fragen Sie sich, in welchen Bereichen Sie Kontrollen durchführen, die Sie abbauen möchten (der Einfachheit halber nehmen wir hier an, dass Sie die gleichen Kontrollen durchführen wie Carla).

Da Sie sehr verunsichert sind und Angst haben, etwas falsch zu machen, werden die Kontrollen nicht von einem Tag zum anderen abgestellt. Sie werden lernen, anders vorzugehen, und dabei viele neue Erfahrungen machen.

Als Erstes erstellen Sie eine Liste der Kontrollen, die Sie üblicherweise vornehmen. In unserem Beispiel sind das: Wasserhahn im Bad, Wasserhahn in der Küche, Herdschalter 1, 2 und 3, Stecker des Fernsehers, Kammerfenster, Lampe 1, 2, 3 und 4.

Zweiter Schritt: Kontrollkriterien festlegen

Sie werden wieder lernen, mit den Dingen so umzugehen wie andere Menschen auch. Wir sind für den Umgang mit der Realität gar nicht so schlecht ausgestattet. Wir verfügen über Sinnesorgane, die verlässliche Informationen über die Außenwelt liefern. Wir haben ein Gehirn, das hoch entwickelt und spezialisiert ist und auf das wir uns verlassen können. Gefühle haben wir auch, und das ist gut so. Aber wir sollten sie dort zur Geltung kommen lassen, wo sie hingehören. Gefühle sind nicht dazu da, um zu beurteilen, ob das Wasser abgedreht ist oder nicht.

Aufgrund einer Fehlentwicklung in Ihrem Leben haben Ihre Gefühle diese Aufgabe aber nach und nach mit übernommen. Diese Entwicklung muss rückgängig gemacht werden.

Für die Aufgaben, von denen wir sprechen, sind die Augen und *nur* die Augen zuständig. Sie werden in nächster Zeit das Zusammenspiel zwischen Augen, Gehirn und Ihrem Verhalten so trainieren, das Sie mit viel weniger Mühe, Aufregung und Zeit die Dinge des täglichen Lebens bewältigen können.

Bei diesem Schritt legen Sie nun vor den Kontrollen fest, nach welchen Kriterien Sie beurteilen werden, ob eine Sache in Ordnung ist oder nicht. Sie erstellen nun Ihre Arbeitsliste (ein Beispiel finden Sie in ◘ Tab. 4.1). Während Ihrer Übungszeit benötigen Sie für jeden Kontrollgang ein Exemplar.

Vielleicht meinen Sie, bei den Lampen sei es schwer, nach einmaligem Hinsehen zu entscheiden, ob sie brennen oder nicht. Normalerweise können Sie das sehr gut unterscheiden, und Sie werden das auch in der Kontrollsituation wieder lernen. Gehen Sie jetzt zu einer Ihrer Lampen, und machen Sie sie abwechselnd an und aus – Sie sehen, man kann es nicht verwechseln.

Dritter Schritt: alte Hilfsmittel aufgeben

Sie haben jetzt ein neues, vorläufiges Hilfsmittel, nämlich Ihre Liste, und werden lernen, Ihre Unsicherheit allmählich abzubauen. Damit diese Lernschritte nicht durch die alten „Hilfsmittel" gestört werden, zu denen Sie in Ihrer Not gegriffen haben, müssen Sie diese aufgeben.

Sie entfernen also die Markierungen von den Gegenständen und von den Wänden und beschließen, bei den Kontrollen auch nicht mehr mit sich selbst zu reden. Diese untauglichen Hilfen würden Sie nur daran hindern, den Lernprozess aktiv voranzutreiben.

Tab. 4.1 Beispiel einer Kontroll-Arbeitsliste

Wasserhahn Bad	Wasser läuft?	O Ja	O Nein
Wasserhahn Küche	Wasser läuft?	O Ja	O Nein
Wasserhähne in Ordnung?		O Ja	O Nein
Herdschalter 1	Steht auf „Aus"?	O Ja	O Nein
Herdschalter 2	Steht auf „Aus"?	O Ja	O Nein
Herdschalter 3	Steht auf „Aus"?	O Ja	O Nein
Schalter in Ordnung?		O Ja	O Nein
Fernseher	Stecker liegt auf der Erde?	O Ja	O Nein
Kammerfenster	Knauf parallel zum Fenstersims?	O Ja	O Nein
Lampe 1	Brennt?	O Ja	O Nein
Lampe 2	Brennt?	O Ja	O Nein
Lampe 3	Brennt?	O Ja	O Nein
Lampe 4	Brennt?	O Ja	O Nein
Lampen in Ordnung?		O Ja	O Nein
Wohnung in Ordnung?		**O Ja**	**O Nein**

Herstellen eines Vollständigkeitsgefühls

- **Vierter Schritt: innere Aktivierung**

Sie haben manchmal festgestellt, dass Sie sich während der Kontrollen in einem inneren Zustand befinden, der Sie sehr verunsichert. Sie haben das Gefühl, nicht ganz da zu sein, sehen Dinge wie verschwommen und trauen oft den eigenen Augen nicht.

Bevor Sie beginnen, werden Sie lernen, sich in einen Zustand zu versetzen, in dem Sie hellwach sind und volle Verantwortung für das übernehmen können, was Sie tun.

4.4 · Wenn Sie betroffen sind

Stellen Sie sich mit beiden Beinen fest auf die Erde, ballen Sie die Fäuste. Sie spüren Ihre Muskeln in den Beinen, in den Armen und in den Schultern. Atmen Sie ruhig in Ihrem Rhythmus ein und aus. Sie sind ganz da. Öffnen und schließen Sie ein paarmal die Augen. Sie stellen fest, sie funktionieren hervorragend. Auch Ihr Gehirn ist in Ordnung. Um es zu überprüfen, können Sie ein bisschen kopfrechnen: 12 × 7, 8 × 13. Es funktioniert. Wenn Sie sich hellwach fühlen, können Sie beginnen.

Eine solche innere Aktivierung und eine gezielte Ausrichtung Ihrer Aufmerksamkeit auf die jeweilige Situation müssen Sie, wenn Sie große Schwierigkeiten dabei haben, eine Zeit lang trainieren. Am besten, Sie beginnen dann Ihre Übungen, „wenn nichts los ist", d. h. dann, wenn anschließend keine für Sie schwierigen Kontrollen durchzuführen sind. Wenn Sie die Aktivierungsmaßnahmen gut beherrschen, können Sie sie in der Kontrollsituation einsetzen.

Bei einigen Betroffenen haben sich störende Unvollständigkeitsgefühle so ausgebreitet, dass ein längeres und intensives Training nötig ist, damit die Kontrollen gut funktionieren. Wenn das auch für Sie gilt, sollten Sie eine Zeit lang Übungen aus ▶ Kap. 3 einsetzen, bis Sie die notwendigen Fortschritte gemacht haben. Erst dann sollten Sie mit Ihrem Antikontrolltraining beginnen. Lassen Sie sich durch Anfangsschwierigkeiten nicht entmutigen, es gibt eine gute Chance, dass Sie am Ende trotzdem erfolgreich sind.

▪ Fünfter Schritt: Arbeitsliste systematisch abarbeiten

Sie haben Ihre Arbeitsliste und einen Bleistift zur Hand und wissen genau, was zu tun ist. Gehen Sie mit festen Schritten zum ersten Gegenstand. Sie schauen einmal hin. Die Entscheidung, die zu treffen ist, lautet: „Wasser läuft? Ja/Nein" Sie fassen den Hahn nicht an und treffen auf der Stelle diese eine Entscheidung. Danach kreuzen Sie das entsprechende Feld auf Ihrer Liste an und drehen sich augenblicklich um. Sie gehen zum zweiten Wasserhahn und verfahren genauso.

Es ist wichtig, dass Sie unmittelbar nach der bewussten Entscheidung auf der Stelle kehrtmachen und sich entfernen. Diesen entscheidenden Schritt des Sichlösens aus der Situation können Sie ruhig am Anfang ein wenig übertreiben. Machen Sie auf den Hacken kehrt wie in einer schlechten Militärklamotte.

Wenn Sie mit den beiden Hähnen fertig sind, sehen Sie sich die beiden angekreuzten „Neins" auf der Liste an. Kreuzen Sie dann „Wasserhähne in Ordnung? Ja" an. Dann gehen Sie zum nächsten Gegenstand. Besonders am Anfang ist es wichtig, dass Sie sich möglichst genau an das Schema und die einzelnen Schritte halten. Keine alten Hilfsmittel benutzen wie die Hähne anfassen und zudrehen!

Wenn Sie alle Kontrollen ausgeführt haben, sehen Sie sich noch einmal alle Markierungen auf Ihrer Liste an. Kreuzen Sie dann „Wohnung in Ordnung? Ja" an. Die Sache ist für dieses Mal erledigt.

- **Sechster Schritt: Verzicht auf erneutes Kontrollieren**

Besonders am Anfang Ihrer Selbsttherapie kann an der einen oder anderen Stelle Unsicherheit auftreten. Vielleicht haben Sie nach der Kontrolle noch ein ungutes Gefühl und meinen, dass Sie etwas übersehen haben könnten. Denken Sie daran: Dieses Gefühl ist zwar real, aber es ist in keiner Weise ein Hinweis darauf, dass Sie etwas falsch gemacht haben. Es ist ein Teil Ihres Problems. Diese Gefühle der Angst und der Unsicherheit lassen mit der Zeit nach und werden immer schwächer. Auch diesmal werden sie von selbst vergehen. Wenn Sie ihnen aber nachgeben und erneut kontrollieren, werden sie immer hartnäckiger wiederkehren und Sie daran hindern, Fortschritte zu machen. Bleiben Sie also hart, wenn es möglich ist: Das Gefühl ist da, aber es zeigt nicht an, dass etwas tatsächlich nicht in Ordnung ist.

- **Siebter Schritt: Kontrollen vereinfachen und reduzieren**

Vielleicht kommt Ihnen die ganze Prozedur, die wir Ihnen empfehlen, etwas zwanghaft vor. In gewisser Weise ist sie es, und das ist so gewollt. Sie brauchen im Moment noch eine Hilfe. Benutzen Sie sie also mit gutem Gewissen. Dafür müssen Sie aber ganz auf die alten, untauglichen Hilfsmittel wie Markierungen, Anfassen, erneute Kontrollen usw. verzichten.

Sie werden merken, dass Sie schnell Fortschritte machen. Das Unsicherheitsgefühl geht zurück, und Sie werden schneller in Ihren Entscheidungen. Wenn das erreicht ist, ist es wichtig, dass Sie Ihr Hilfsmittel, die Liste, allmählich abbauen. Das endgültige Ziel ist ja, dass Sie so vorgehen wie andere Menschen auch. Sie sollten Ihre Kontrollen also nach und nach vereinfachen. Sie kreuzen z. B. nicht mehr jeden Gegenstand auf der Liste einzeln an, sondern geben Ihr Okay sozusagen im Kopf. Vielleicht kreuzen Sie nur noch „Lampen in Ordnung" an. Später können Sie auch darauf verzichten. Eines Tages werden Sie die ganze Liste weglegen und alles im Kopf machen. Der Rhythmus, nach dem Sie den Abbau des Hilfsmittels vornehmen, und die einzelnen Schritte bleiben Ihnen überlassen.

Wenn Sie die Übungen eine Zeit lang konsequent durchführen, werden Sie am Ende mit der Situation ganz normal umgehen. Sollten Sie zwischendurch einmal schwach werden und doch noch erneut kontrollieren, so lassen Sie sich dadurch nicht entmutigen. Rückschläge können passieren und werden dadurch überwunden, dass man konsequent neu anfängt.

Wir haben sehr viele Patienten erlebt, die auf diese Art ihre Kontrollzwänge ganz überwunden oder zumindest erheblich reduziert haben. Die Grundprinzipien dieser Vorgehensweise lassen sich auf alle Situationen übertragen, in denen zwanghafte Kontrollen auftreten.

Trödelzwang oder zwanghafte Langsamkeit

Inhaltsverzeichnis

5.1 Der Fall Rosi – 46

5.2 Erläuterungen zur Symptomatik – 47

5.3 Über die Ursachen der zwanghaften Langsamkeit – 47

5.4 Wenn Sie betroffen sind – 48
5.4.1 Was Ihnen Mut machen soll – 48
5.4.2 Übungen – 50

© Der/die Autor(en), exklusiv lizenziert durch Springer-Verlag GmbH, DE, ein Teil von Springer Nature 2021
N. Hoffmann, B. Hofmann, *Wenn Zwänge das Leben einengen*,
https://doi.org/10.1007/978-3-662-62267-4_5

Vermehrte Kontrollen führen auch dazu, dass die Kranken in den entsprechenden Lebensbereichen nur sehr langsam vorankommen. Es gibt aber eine Störung, bei der die Langsamkeit an sich eine zentrale Bedeutung hat. Wir wollen sie gesondert beschreiben und fangen wieder mit einem konkreten Beispiel an.

5.1 Der Fall Rosi

Ständiger Zeitdruck

Rosi ist eine 34-jährige Frau, die mit ihrem Freund zusammenlebt. Sie ist Studentin der Volkswirtschaft im 27. Semester. Sie hat nur wenig Kontakt zu anderen, ihr fehlt dazu die Zeit. Vor jeder Verabredung fühlt sie sich so unter Zeitdruck, dass der Wunsch, jemanden zu treffen, im Laufe der Jahre immer seltener geworden ist. Außerdem reagieren die Leute immer so ärgerlich auf Rosis Verspätungen. Der Tag- und Nachtrhythmus hat sich bei Rosi deutlich verschoben. Sie legt sich gegen drei Uhr nachts schlafen und steht erst gegen Mittag auf. Ihr Freund, der zu normalen Zeiten arbeitet, hat sich daran gewöhnt.

Er erledigt auch einen großen Teil der Arbeiten im Haushalt, denn Rosi kommt selten dazu, weil sie so viel zu tun hat. Sie schafft es kaum einmal, zur Universität zu gehen, nimmt sich aber jedes Semester vor, Seminare zu besuchen, und ist fest dazu entschlossen, ihr Studium abzuschließen.

Sie beginnt den Tag. Duschen ist eine wichtige Angelegenheit, die genau durchgeplant ist. Man darf nicht verdrecken, deshalb muss das Duschen sehr ernst genommen werden. Die einzelnen Abschnitte des Duschens sind genau bekannt, man könnte sagen, die einzelnen Bewegungen sind durchnummeriert. Sie werden immer in der gleichen Reihenfolge ausgeführt. Rosi begleitet ihre Bewegungen mit halblaut gemurmelten Selbstanweisungen: „Jetzt tust du dies, jetzt tust du jenes." Das Duschen kann bis zu zwei Stunden dauern.

Sie macht eine Pause. Dann muss die Waschmaschine ausgeräumt werden. Es dauert sehr lange. Sie wäre gerne schneller, dann hätte sie mehr Zeit für sich. Aber jeder Handgriff will überlegt sein. Jedes einzelne Wäschestück wird sorgfältig auf Staub inspiziert, dann penibel gefaltet, sodass die Kanten millimetergenau aufeinanderliegen. Vorher muss der Wäscheständer von möglichen Fusseln befreit werden, sonst war die ganze Wascherei umsonst.

So geht es weiter, und es vergeht Stunde um Stunde. Dazwischen macht sie immer wieder kurze Pausen, um etwas zu verschnaufen. Wenn sie spürt, dass sie unter Zeitdruck gerät, wird sie unruhig. Sie macht dann vieles falsch und muss wieder von Neuem beginnen. Sie ist oft sehr unglücklich und hat den Eindruck, nie richtig leben zu können. Nachts hat sie ein bisschen Zeit für sich. Der Freund schläft.

5.2 Erläuterungen zur Symptomatik

Zwanghafte Langsamkeit ist eine relativ seltene Störung. Sie geht oft mit Kontrollen im eigentlichen Sinne einher, wie wir sie im vorigen Abschnitt beschrieben haben, kann aber auch in reiner Form auftreten. Die Betroffenen sind in der Regel sehr einsam, d. h., sie haben wenige oder gar keine Kontaktpersonen und leben oft allein.

Die zwanghafte Langsamkeit bezieht sich vor allem auf zwei Bereiche: Körperpflege und Verrichtungen des täglichen Lebens wie Haushaltstätigkeiten usw. Der Wunsch, die Dinge korrekt zu erledigen, artet in eine fanatische Genauigkeit aus, die unter keinem Nützlichkeitsgesichtspunkt mehr zu rechtfertigen ist. Dadurch kommt auch die extreme Langsamkeit zustande. Ein Außenstehender hat den Eindruck, der Betroffene vertrödele sein Leben mit den trivialsten und unsinnigsten Aktivitäten. Der aber verrichtet Präzisionsarbeit, bei der es scheinbar um Leben und Tod geht, und kommt dabei kaum zum Luftholen.

Körperpflege und Haushalt

Alle Patienten möchten gerne schneller sein, um mehr Zeit für sich zu haben. Doch die Art, in der sie glauben vorgehen zu müssen, lässt es nicht zu. Häufig sagen sie, dass gerade sie besonders korrekt und genau sein müssten, um nicht völlig im Chaos zu versinken. In Wirklichkeit hätten sie nämlich eine deutliche Tendenz zu Unordnung und Schlamperei, der sie durch kompromisslose Korrektheit entgegenzuwirken versuchten. So sind sie den ganzen Tag beschäftigt und kommen dennoch zu nichts.

5.3 Über die Ursachen der zwanghaften Langsamkeit

Über die Ursachen der Störung ist relativ wenig bekannt. Sie fängt meist in der Zeit nach der Pubertät an und ist im frühen Erwachsenenalter voll ausgeprägt. Sie ist chronisch, d. h., sie verändert sich kaum und führt in zunehmendem Maße zu Behinderungen im täglichen Leben. Häufig sind die Patienten irgendwann nicht mehr in der Lage, ein normales Leben zu führen, und vereinsamen. Manche können ihren Beruf nicht mehr ausüben, weil die tägliche Routine zu Hause immer mehr Zeit auffrisst.

Aufmerksamkeit für Langsamkeit

Wir können davon ausgehen, dass ein so hartnäckiges Verhaltensmuster, das auf der einen Seite Nachteile wie soziale Isolation und berufliche Schwierigkeiten nach sich zieht, auf der anderen Seite auch versteckte Vorteile haben muss. Die Überlegungen hierzu können in folgende Richtung gehen: Rosi, die jüngste von drei Schwestern, erinnert sich, dass die Mutter sie häufig kritisiert hat. Rosi sei schlampig und unordentlich, überhaupt solle sie sich ein Beispiel an ihren tüchtigen Schwestern nehmen. Diese Tendenz, im Kern ihres Wesens nachlässig zu sein, beklagt Rosi bis auf den heutigen Tag.

Damals gab sie sich dann mehr Mühe und nahm sich mehr Zeit, aber bekam auch Angst, etwas falsch zu machen. Irgendwann fiel auf, dass sie immer länger brauchte. Wenn die Familie etwas gemeinsam unternehmen wollte, etwa einen Besuch bei der Tante, waren alle in heller Aufregung, weil fraglich war, ob Rosi wohl fertig würde. Sie stand im Mittelpunkt, musste zwar Kritik einstecken, aber bekam auch sehr viel Aufmerksamkeit. Ihre Langsamkeit war, ohne dass Rosi etwas davon ahnte, zu einem Mittel geworden, Kontrolle über andere auszuüben. Rosi war etwas Besonderes, die, von der man nie wusste, ob sie einem nicht durch ihre Art einen Strich durch die Rechnung machte. Man durfte auch nicht zu viele Anforderungen an sie stellen – sie brauchte ja so viel Zeit zu allem.

Auch heute funktioniert dieser Mechanismus noch teilweise. Rosis Freund hat sich fast vollständig an ihre Eigenarten angepasst. Bevor die Dinge gar nicht erledigt werden, macht er sie eben. Auch er kann nicht zu viele Forderungen stellen: Sie möchte ja, aber sie kann so schlecht. „Es wird ja alles noch kommen", meint Rosi. Es kommt halt langsam. Rosi ist in ihrer Langsamkeit gefangen und leidet sehr unter dem Gefühl, dadurch auf vieles verzichten zu müssen.

5.4 Wenn Sie betroffen sind

5.4.1 Was Ihnen Mut machen soll

Bewusstmachen und Verstehen

Die Tatsache, dass Sie manchmal zu viel Zeit benötigen, um die einfachsten Dinge des täglichen Lebens zu erledigen, ist kein Ergebnis eines Defektes oder einer grundlegenden Unfähigkeit. Sie ist auch kein Beleg dafür, dass Sie faul oder feige sind oder die Momente, in denen Sie sich dem Leben stellen müssen, endlos hinauszögern. Es ist das Ergebnis einer Entwicklung, die meist bis in die Kindheit und Jugend zurückverfolgt werden kann.

Schon damals hat sich der Gedanke in Ihnen festgesetzt, dass Sie, um genug Anerkennung zu bekommen, immer alles hundertprozentig machen müssen. Rosi schildert den Druck, dem sie sich ausgesetzt fühlte, folgendermaßen:

> Ich konnte nicht mehr spontan und unbefangen sein. In welcher Situation ich mich auch befand, was ich sagte oder tat, immer schob sich ein Kontrollgefühl dazwischen. Meist haftete alles zu lange an den Händen. Ich hatte Angst, eine Sache könnte herunterfallen oder schmutzig werden oder schief liegen. Es lief alles so umständlich. Ich weiß auch heute nie so gut, was bei einer bestimmten Arbeit vorrangig und was überhaupt nicht wichtig ist. Ebenso fällt es mir schwer zu entscheiden, wann eine Sache fertig ist. Wann ist eine Aufgabe beendet – gerade genug, sauber genug, richtig genug? Das ist das, was mir am meisten Schwierigkeiten macht.

Wie war es bei Ihnen? Gab es eine ähnliche Entwicklung? Ein erster Schritt in Richtung einer Besserung Ihres Zustandes und der Überwindung Ihrer Symptome kann darin bestehen, dass Sie die Zusammenhänge durchschauen, die zu Ihren Problemen geführt haben. Umso mehr können Sie sich gefühlsmäßig dagegen auflehnen und sich mit zunehmender innerer Festigkeit sagen: „Ich will nicht, dass es bis an mein Lebensende so weitergeht!" Doch damit ist es nicht getan. Bewusstmachen und Verstehen sind immer nur der Anfang des Weges.

Als Nächstes müssen Sie einen neuen Umgang mit den Dingen erlernen und trainieren. (Trainieren heißt auch immer, das Gehirn zu trainieren!) Sie werden lernen, das Notwendige und Wichtige besser von Nebensächlichem zu trennen und mit der Zeit auf allerlei unnötiges Beiwerk, Reste aus Ihrer Vergangenheit, zu verzichten.

Neue, einfache Verhaltenspläne

Wie lege ich ein gewaschenes Handtuch in den Schrank? Was gehört unbedingt dazu? Ich muss es zweimal falten. Was kostet viel Zeit und ist überflüssig? Minutenlang prüfen, ob die vier Ecken millimetergenau übereinanderliegen. Was passiert, wenn ich darauf verzichte? Gar nichts. Höchstens ein merkwürdiges Gefühl bei den ersten paar Malen.

Und so geht es weiter. Sie haben die Wahl. Wenn Sie vorankommen wollen, müssen Sie auf einiges verzichten, aber Sie werden feststellen: Mit der Zeit ist es viel leichter, als Sie glauben. Tätigkeiten, die zu viel Zeit kosten, werden Sie also auf eine neue Art üben, d. h., einfache Verhaltenspläne entwickeln und sie mit einfachen, lebendigen und immer beherzterer Handlungen realisieren. Dadurch werden Sie immer mehr Mut fassen und sich dem täglichen Leben immer besser gewachsen fühlen. Auch das negative Bild, das Sie – als Ergebnis

Ihrer jahrelangen Schwierigkeiten – von sich selbst haben, wird sich wandeln.

Irgendwann hat auch Rosi erleichtert festgestellt, dass viel Neues in ihr Leben gekommen ist, aber nur deshalb, weil sie mehr Zeit dafür hatte.

5.4.2 Übungen

- **Übung 1: Selbstbeobachtung**

Sich aus der Vogelperspektive beobachten

Listen Sie als Erstes eine Reihe von Situationen auf, in denen Sie Ihrer Ansicht nach zu langsam sind oder in denen Sie sich zu umständlich verhalten (meist beides). Bringen Sie sie nach ihrem Schwierigkeitsgrad in eine Rangreihe (die leichteren sind die, bei denen Sie glauben, dass eine Verhaltensänderung Ihrerseits noch am ehesten möglich ist).

Beginnen Sie mit einer leichten Aufgabe (z. B. die Waschmaschine ausräumen und die Wäsche in den Schrank räumen). Führen Sie beim nächsten Mal die Tätigkeit wie gewohnt durch, aber versuchen Sie sich dabei zu beobachten wie aus der Vogelperspektive:
— Was mache ich genau?
— Warum mache ich das so?
— An welcher Stelle bleibe ich hängen? usw.

Festlegen von Überflüssigem

Gleich danach setzen Sie sich mit Papier und Bleistift hin und versuchen, „die Spreu vom Weizen zu trennen". Listen Sie auf:
— Was gehört unbedingt dazu?
— Was ist überflüssig?
— Was will ich lernen zu lassen, weil es letzten Endes sinnlos ist und nur Zeit kostet?

So stellen Sie einen neuen Plan auf, an den Sie sich in Zukunft halten wollen.

Sie können auch in Gedanken die ganze Tätigkeit ein- oder zweimal auf die neue Art „durchspielen". Das nennt man „mentales Training", ein Verfahren, das auch in der Sportpsychologie genutzt wird, um neue Bewegungsabläufe „einzuschleifen".

Nun kommt der Ernstfall. Sie werden versuchen, sich *in Wirklichkeit* an den Plan zu halten, doch dafür muss es Ihnen gelingen, eine andere innere Haltung einzunehmen als bisher.

- **Übung 2: Herstellen einer inneren Haltung gegen zwanghafte Langsamkeit**

Energische innere Haltung

Die wichtigsten Schritte zur Herstellung einer Haltung gegen zwanghafte Langsamkeit sind:

5.4 · Wenn Sie betroffen sind

- Orientierung: Sie vergegenwärtigen sich die Gesamtsituation und die Gegenstände, mit denen Sie umgehen werden.
- Spannkraft herstellen: Es geht darum, sich körperlich und mental voll zu mobilisieren und sich innerlich auf die Situation einzustellen. Dabei können Sie z. B. so vorgehen, wie wir es in ▶ Abschn. 3.3.2 beschrieben haben. (Die Anmerkungen, die wir dazu gemacht haben, gelten vielleicht auch für Sie.)
- Innere Bedürfnisse und Ziele aktualisieren: Sie vergegenwärtigen sich, was Sie tun wollen.
- Ziele in einem größeren Rahmen sehen: Sie denken daran, dass Sie die Zeit und Energie, die Sie einsparen, für andere Dinge wie … gewinnbringend einsetzen können.
- Sich vornehmen, nach dem neuen Plan vorzugehen: Sie gehen noch einmal kurz im Kopf durch, wie Sie an entscheidenden Stellen vorgehen wollen und worauf Sie verzichten wollen. Dabei nehmen Sie eine feste innere Haltung ein: Sie sind gut vorbereitet und fühlen sich der Aufgabe gewachsen.
- Signal zum Handlungsbeginn: Sie treffen einen ersten klaren Entschluss und geben sich einen ersten Energieschub.
- Umgang mit Schwierigkeiten: Bei auftretenden Schwierigkeiten (z. B. wenn das Bedürfnis auftritt, etwas zu wiederholen, oder wenn Sie an einer Stelle kleben bleiben) stoppen Sie den ganzen Ablauf, gehen innerlich einen Schritt zurück und sagen sich: „So, jetzt ist das und das passiert. Aber davon lasse ich mich auf meinem richtigen Weg nicht aufhalten. Ich werde jetzt so und so weitermachen", und geben sich einen neuen Impuls.
- Lassen Sie sich nicht entmutigen, wenn das alles nicht auf Anhieb funktioniert. Sie sind trotzdem dabei umzulernen, und wenn Sie konsequent und hartnäckig bleiben, werden Sie schon bald die ersten wichtigen Fortschritte feststellen

■ **Übung 3: Partnertraining**

Betroffene berichten oft, dass sie jedes Gefühl für Zeit verlieren, wenn sie nicht vorankommen. Oft stellen sie sich eine Uhr in Sichtweite, um sich wenigstens zeitlich orientieren zu können. Ferner stellen sie fest, dass sie schneller sind, wenn eine andere Person da ist, die sozusagen durch ihre bloße Gegenwart auf Vollendung der Arbeit drängt – ohne allerdings ungeduldig zu wirken oder Druck auszuüben.

Wenn Sie lernen wollen, Tätigkeiten ökonomischer und schneller zu verrichten, so schlagen wir vor, dass Sie sich einen geeigneten Partner suchen, der Sie dabei unterstützt. Es sollte jemand sein, der Ihr Problem kennt und zu dem Sie Vertrauen haben. Er sollte nicht zu ungeduldig sein und über ein wenig

Training mit einem Partner

Fingerspitzengefühl verfügen. Die weiteren Lernschritte sind dann recht einfach:

- Sprechen Sie mit Ihrem Partner die Situationen durch, die Ihnen am meisten Schwierigkeiten bereiten. Einigen Sie sich auf eine erste konkrete Übungssituation.
- Im Idealfall soll der Partner Sie eine Weile beobachten, ohne einzugreifen. Er wird vieles an der Art, wie Sie vorgehen, überflüssig oder unökonomisch finden. Er sollte sich so konkret wie möglich mit Ihnen darüber unterhalten, ohne Sie zu kritisieren oder zu belächeln.
- Dann sprechen Sie mit ihm eine Vorgehensweise ab, die für Sie noch annehmbar ist, aber eine Vereinfachung gegenüber dem bisherigen Vorgehen darstellt. Die Veränderung wird vor allem darin bestehen, dass einiges vielleicht weniger genau durchgeführt wird, anderes vielleicht sogar ganz wegfällt. So muss man z. B. beim Taschentuchfalten nicht auf den Millimeter genau kontrollieren, ob die Kanten übereinanderliegen, und beim Ausräumen der Spülmaschine muss man nicht jedes Mal vorher den Fußboden aufwischen.
- Sprechen Sie mit dem Partner die ungefähre Zeit ab, die Sie auf die Sache verwenden wollen. Es sollte eine deutliche Zeitersparnis dabei herauskommen. Nehmen Sie sich allerdings für den Anfang nicht zu viel vor.
- Führen Sie die Tätigkeit aus. Der Partner gibt seine Kommentare dazu, erinnert Sie an Ihre Vorsätze und ermutigt Sie. Er soll Sie weder zu stark unter Druck setzen noch einfach so gewähren lassen wie immer. Seine Gegenwart soll als Erleichterung und nicht als zusätzliche Belastung empfunden werden.
- Nach der Übung besprechen Sie gemeinsam das Ergebnis und planen weitere Verbesserungen.
- Das beabsichtigte Ziel ist ja, dass Sie schneller werden, wenn Sie allein sind. Ihr Partner muss sich also allmählich zurückziehen. So kann er sich beim nächsten Mal im Nebenzimmer aufhalten. Später ist er gar nicht mehr in der Wohnung, und Sie nehmen bloß vor und nach der Übung telefonisch Kontakt mit ihm auf, um die wichtigsten Schritte abzusprechen und zu kommentieren.
- Wenn Sie allein sind, sollten Sie üben, sich genau an das zu halten, was Sie mit dem Partner erarbeitet haben.

■ **Übung 4: Aktivitäten gegen die innere Leere**

Bekämpfung innerer Leere

Nach und nach werden Sie Zeit gewinnen. Sorgen Sie dafür, dass dadurch kein Gefühl der „inneren Leere" entsteht. Legen Sie sich eine Liste mit kleinen oder größeren erfreulichen Aktivitäten an, die Sie sich nur leisten können, wenn Sie auf den unsinnigen Firlefanz verzichten, der Sie oft zwingt, Ihre

5.4 · Wenn Sie betroffen sind

Zeit und Ihre Energie zu vergeuden. Ergänzen Sie diese Liste laufend, und arbeiten Sie daran, immer mehr Zeit für die erfreulichen Dinge des Lebens zur Verfügung zu haben.

Sammeln, stapeln und horten

Inhaltsverzeichnis

6.1 Bewahren – 56

6.2 Der Fall Heidi – 58

6.3 Wenn Sie betroffen sind – 58
6.3.1 Was Ihnen Mut machen soll – 58
6.3.2 Übungen – 62

© Der/die Autor(en), exklusiv lizenziert durch Springer-Verlag GmbH, DE, ein Teil von Springer Nature 2021
N. Hoffmann, B. Hofmann, *Wenn Zwänge das Leben einengen*,
https://doi.org/10.1007/978-3-662-62267-4_6

6.1 Bewahren

Ein Stück Leben der Vergänglichkeit entreißen

Bei einem Blick in das Zimmer des alten Herrn sehen wir Stapel von Zeitungen, die sich fast bis zur Decke türmen. „Um Gottes willen, er kriegt ja bald keine Luft mehr! Warum macht er das bloß?", wundern wir uns. Er kann sicher viele Gründe dafür angeben. Er besitzt alle Exemplare einer Tageszeitung, lückenlos seit Februar 1946. Die Sammlung ist sicherlich wertvoll, da keine fehlt. Er kann jederzeit nachsehen, was an einem bestimmten Tag in der Welt passiert ist. Außerdem haben die Zeitungen für ihn einen hohen ideellen Wert. Er hat sozusagen ein Stück des eigenen Lebens bewahrt und der Vergänglichkeit entrissen. Viele ehrbare Gründe, um Zeitungen aufzuheben. Ein großes Ziel für einen alten Herrn, von jedem Tag, der vergeht, etwas festzuhalten.

Aber er besitzt nicht nur Zeitungen. Er hat auch noch alle seine Unterlagen vom Studium, die Skripten und Hausarbeiten, ja sogar das Schmierpapier, auf denen er sie vorbereitet hat. Wenn er mit öffentlichen Verkehrsmitteln fährt, hebt er die Fahrscheine auf. Sämtliche Briefe, die er in seinem Leben bekommen hat, sind da, dazu Speisekarten, haufenweise Prospekte und manch undefinierbarer Stapel, von dem er selbst nicht mehr weiß, was er enthält. So füllen sich die Räume Jahr für Jahr immer mehr, und seine Bewegungen werden enger und enger.

Uns kommt plötzlich der Verdacht, dass der alte Herr Sachen nicht deshalb aufbewahrt, weil sie einen positiven Wert für ihn darstellen, sondern weil er sich nicht von ihnen trennen kann.

Mich von etwas trennen heißt ja, dass ich es hergeben muss. Ich habe es dann nicht mehr zur Verfügung und verliere dadurch ein Stück Kontrolle über die Welt um mich herum. Durch das Horten von Gegenständen sichere ich mich auch für die Zukunft ab: Ich könnte ja, auch wenn es noch so unwahrscheinlich ist, dies und jenes noch einmal brauchen. Ich sollte also kein Risiko eingehen und etwas wegwerfen. Wegwerfen! Allein dieses Wort – es klingt so endgültig, so roh. An dieser Stelle können Gefühle ins Spiel kommen, die bis tief hinein in die Kindheit reichen, als Dinge noch eine Seele hatten und Gefährten statt bloßes Spielzeug waren.

Ein anderes Beispiel: Anna ist Sekretärin. Jeden Tag verlässt sie als Letzte das Büro, weil sie, bevor sie nach Hause geht, ihren gesamten Papierkorb in ihre umfangreiche Handtasche leert. Zu Hause wird der Inhalt – ein Durcheinander aus Papierfetzen, verunglückten Briefentwürfen, Teebeuteln, Apfelsinenschalen, Etiketten, verbogenen Büroklammern – in einer Ecke deponiert. Irgendwann am Abend beschließt Annas

6.1 · Bewahren

Freund, dass sie die Sache hinter sich bringen sollten. Alles wird auf einem Laken ausgebreitet. Anna nimmt einen halb zerknüllten Briefbogen in die Hand. Er sieht so traurig aus, so arm und zerdrückt. Er hat kein Glück gehabt. Aus anderen ist ein wichtiger Brief geworden, während er nun vernichtet wird. Er tut ihr so leid, aber der Freund drängt. Sie kann sich nicht entschließen. Nach langem Zögern lässt sie den zerknüllten Bogen in den Mülleimer fallen. Manchmal macht es auch der Freund, damit es schneller geht. So geht es weiter bis zum letzten Stück.

Hier werden Tendenzen sichtbar, die nicht selten bei dieser Form von Zwängen eine Rolle spielen. Dinge haben eine Seele, sie sprechen zu uns. Wir möchten sie beschützen. Sie einfach wegzuwerfen ist wie Mord an einem Stück unseres eigenen Lebens.

Animismus

■ Ein Extrembeispiel

Howard Hughes war ein erfolgreicher amerikanischer Geschäftsmann und Milliardär, der dadurch in die Schlagzeilen geriet, dass er plötzlich für Jahre wie vom Erdboden verschwunden war. Man hielt ihn für tot, doch dann sickerte durch, dass er völlig isoliert im Dachgeschoss seines Hotels in Las Vegas lebe und keinem Menschen erlaube, in seine Nähe zu kommen, mit Ausnahme seiner Dienerschaft. Hughes war an einem sehr schweren Zwang mit vielfältigen Symptomen erkrankt. Auf seine Berührungsängste werden wir noch zu sprechen kommen. Eine Biografie über ihn (Drosnin 1987) beschreibt seine krankhafte Unfähigkeit, sich von etwas zu trennen. Hughes, so Drosnin, „konnte sich von nichts trennen, was ihm gehörte. Nicht vom Staub, dem Gerümpel, nicht von seinem Haar, seinen Fingernägeln, seinem Schweiß, nicht von seinem Urin und nicht von seinen Exkrementen." Er habe zwar hoch bezahlte Friseure zur Verfügung gehabt, aber über Jahre weder seine Haare noch seinen Bart schneiden lassen. Die Fingernägel ließ er wachsen, „nachdem er seine Lieblingsschere in dem seine Lagerstatt umgebenden Gerümpel ‚verloren' hatte" (Drosnin 1987, S. 189). Zum Sammeln seines Urins benutzte er verschließbare Krüge, die er erst in einer Garage, dann in seinem Schlafzimmer lagerte. Außerdem litt er laut Drosnin an chronischer Verstopfung. Einmal habe er ganze 26 Stunden vergeblich auf der Toilette gesessen.

Niedergang eines Helden

Hier hat die Erkrankung einen solchen Schweregrad erreicht, dass ihre Schilderung fast unerträglich ist. Glücklicherweise kommen solche Extremformen sehr selten vor.

6.2 Der Fall Heidi

Wegwerfrausch

Am Beispiel unserer Patientin Heidi wollen wir aufzeigen, dass die Zwänge, von denen hier die Rede ist, auch heilbar sind. Heidi ist eine 60-jährige, sehr gepflegte Dame, die mit ihrem Mann und ihrem erwachsenen Sohn in einer Dreizimmerwohnung lebt. Sie macht mit viel Liebe den Haushalt und hat schon einen Preis für ihre Balkondekoration bekommen. Aber sie kann sich nur schwer von etwas trennen. Der Mann hat resigniert, der Sohn schüttelt bloß noch den Kopf, und die ganze Wohnung platzt aus allen Nähten.

Heidi ist in Therapie. Wir verfolgen mehrere Ziele. Nur wenn es ums Wegwerfen geht, bleibt sie hart und kämpft bis aufs Messer um jeden Gegenstand. Doch irgendwann scheint die Therapie Erfolg zu haben, und sie fängt doch an, noch sehr zaghaft, das erste Stück aus der Wohnung zu entfernen. Sie merkt, dass es geht, und macht weiter. Es wird immer leichter, und ihr fällt auf, dass immer mehr Platz in den Schränken ist. Sie bekommt Mut, legt los und überreicht eines Tages stolz, als Bilanz einer Woche, die folgende Liste (◘ Tab. 6.1). Sie hatte zuvor in einer der Therapiestunden ein leeres Blatt in die Hand bekommen, das frech mit „WEG!" überschrieben war.

Heidi kriegte sich vor Stolz gar nicht mehr ein. Dann setzte eine große Erleichterung ein. So viel frische Luft in den Räumen! Und sie machte weiter, immer weiter, Mann und Sohn mussten sie sogar manchmal etwas bremsen.

6.3 Wenn Sie betroffen sind

6.3.1 Was Ihnen Mut machen soll

Enge und Unfreiheit

Eine der schmerzhaftesten Leistungen, die Menschen sich selbst abverlangen können, ist der Verzicht. Viele Dinge, mit denen Sie es im täglichen Leben zu tun haben, haben zwei Seiten: Einerseits gibt es Gründe, daran zu hängen und sie zu bewahren – weil sie Ihnen lieb und teuer geworden sind, weil schöne Erinnerungen damit verbunden sind oder weil Sie sich vorstellen können, dass sie Ihnen in Zukunft noch gute Dienste leisten. Auf der anderen Seite hat jedes Ding auch seinen Preis: Es nimmt Platz ein in Ihrem Lebensraum, aber auch in Ihrer Seele. Manchmal hat es die Tendenz, sich sozusagen mit vielen anderen Dingen zu verbünden, und alle zusammen fangen dann an, Sie immer mehr einzuengen und Ihnen allmählich die Luft zum Atmen zu nehmen. Alles spricht dann dafür, eine Wahl zu treffen und sich von einigem zu trennen. Gesagt, getan?

6.3 · Wenn Sie betroffen sind

Tab. 6.1 Heidis Wegwerfliste

WEG!

2 Blusen	25 Paar Strümpfe	1 Aktentasche	1 Sakko
1 Kühltasche	1 Anorak	1 Schlafanzug	1 Indianeranzug
13 Reclam-Hefte	3 Sitzkissen	1 Schal	2 Hosen
1 Steppdecke	2 Tuschkästen	1 Paar Schuhe	1 Schlafanzug
4 Nikolausstiefel	1 WC-Garnitur	Buntstifte	1 Kittel
1 Wolldecke	1 Bluse	1 Waage	1 Schlafanzug
1 Gardine	2 Paar Socken	1 Tasche	1 Kinderbademantel
2 Oberhemden	1 Einkaufstasche	8 Bügel	6 Schulbücher
1 Schlafanzug	1 Jacke	1 Kindertasche	1 Brotkasten
1 Einkaufsbeutel	1 Vase	1 Rucksack	3 Lehrbücher
1 Einkaufstasche, gr.	2 Pullis	2 Gürtel	1 Einkaufsnetz
10 Bügel	1 Babydecke	9 Windeln	1 Börse

			1 Schlafanzug
			3 Hosen
			2 Ledergürtel
			17 Paar Socken
			1 Weihnachtsmann
			2 Pullover
			4 Einkaufstaschen
			3 Umhängetaschen
			1 Kuchenform
			3 Teller
			9 Paar Socken
			Plastiktüten

(Fortsetzung)

Tab. 6.1 (Fortsetzung)

WEG!			
10 Bügel	1 Sieb	1 Vorleger	1 Vorhang	1 Trinkflasche
Blumentöpfe	1 Hose	2 Handtaschen	1 Hose	1 Vase
1 Einkaufstasche	1 Gemse	9 Strumpfhosen	1 Korb	1 Hose
1 Magnetofon	1 Paar Hausschuhe	1 Einkaufskorb	6 Oberhemden	1 Paar Turnschuhe
Unterwäsche	8 Handtücher	2 Strickjacken	1 Ledermantel	1 Schulmappe
2 Teppiche	1 Reisetasche	Teppichreste	1 Globus	1 Eimer
1 Mantel	1 Jacke	1 Kaffeekanne	1 Teewagen	1 Topf
1 Pfanne	1 Messbecher	3 Tassen	1 Staubsauger	1 Mantel
1 Jacke	3 Pullis	1 Bademantel	1 Schlafanzug	2 Kinderpullis
Unterwäsche	Bettwäsche	1 Vogelhaus	1 Einkaufstasche	Tapetenreste

6.3 · Wenn Sie betroffen sind

Wenn Sie ein Problem mit Sammelzwang haben, ist das nicht so einfach. Ihnen ist vieles aus Ihrer Lebensgeschichte besonders ans Herz gewachsen, vielleicht in einem Maße, das Ihnen selbst nicht ganz geheuer vorkommt. Sich von etwas zu trennen – und seien es nur alte Zeitungen – heißt für Sie, es der endgültigen Vernichtung preiszugeben. Schon den Gedanken daran erleben Sie so, als würde dabei ein Stück vom eigenen Selbst vernichtet.

Dahinter kann eine Angst stecken, die noch viel bedrohlicher ist. Wenn einmal ein Anfang gemacht ist, wenn nur *eine* Sache weg ist, für immer *weg* ist, kann das nicht einen Erdrutsch auslösen, der zum Verlust jeglichen Halts führt, bis hin zur inneren „Auflösung"? An dieser Stelle stellt sich Ihnen die bange Frage: Kann ich das riskieren?

Sie können es, denn dieses Risiko ist nicht gegeben, wie wir aus der Arbeit mit vielen Patienten wissen. Denn Sie geben ja nicht nur etwas her, sondern Sie organisieren in Wirklichkeit Ihren Energiehaushalt um. Bei Ihnen ist zu viel Energie an Reste der Vergangenheit gebunden. Es gibt Ihnen ein falsches Gefühl der Sicherheit, wenn Sie daran festhalten, in Ihrem Leben nichts zu verändern. Vieles verdient es, bewahrt zu werden, und ist sicher wichtig, weil wir ein starkes inneres Gefühl damit verbinden, aber dadurch darf Neues nicht verhindert werden. Ihr selbst auferlegtes Verbot, irgendetwas zu ändern, und die falsche Ordnung, in die Sie sich selbst einmauern, bringen letzten Endes Enge und Unfreiheit und im schlimmsten Fall den seelischen Tod durch Ersticken. Platz machen hingegen bedeutet nicht, innere Leere zu schaffen, sondern Platz für *anderes* zu schaffen, das Ihrem aktuellen Leben in den meisten Fällen gemäßer ist als tote Relikte der Vergangenheit. Neugierde und Offenheit sind Bestandteile eines leichteren, freieren Lebensgefühls, das Sie vielleicht schon lange vermissen, ohne dass es Ihnen richtig bewusst wird. Es soll in Zukunft einen größeren Raum in Ihrem Leben einnehmen.

Wenn Sie sagen: Ja, ich kann mir diesen Weg vorstellen, aber ich möchte ihn vorsichtig und Schritt für Schritt gehen, von einem Tag zum anderen, dann ist das in Ordnung. Sie müssen sich keine Gewaltkuren oder Radikallösungen auferlegen. Aber achten Sie darauf, dass Sie sich nicht selbst austricksen. „Vorsicht" kann leicht als Argument dafür missbraucht werden, dass man gar nichts tut. Am Anfang muss Ihre Entscheidung stehen, etwas an Ihrer Lage zu verändern. Dann können Sie den Weg dahin und das Tempo, das Sie dabei einschlagen wollen, selbst bestimmen.

6.3.2 Übungen

Einige der Übungen, die Heidi dabei geholfen haben, sich von überflüssigem Ballast zu befreien, lassen sich auch sehr gut im Rahmen von Selbsthilfe durchführen.

- **Übung 1**

Platz und frische Luft schaffen

Gehen Sie durch Ihre Wohnung. Sehen Sie sich vor allem die Stellen, wo Sie viele unnütze Sachen aufbewahren, ganz genau an. Dann setzen Sie sich in einen bequemen Stuhl, schließen die Augen und versetzen sich in Ihrer Vorstellung in die Zukunft.

Zwei Jahre sind vergangen. Sie haben während der ganzen Zeit die Politik des Stapelns und Hortens weitergeführt. Sie stellen sich Ihre Schränke vor, die sich nicht mehr schließen lassen. Überall auf dem Fußboden liegen Sachen herum. Auch auf den Tischen, auf den Stühlen, vor dem Fenster, sodass kaum mehr Licht in die Wohnung dringt. Ihnen ist übel, Sie können kaum noch atmen. Überall Staub in der Luft, Sie können kaum noch sehen. Sie wollen raus, stolpern über Berge von alten Lumpen und rostigen Töpfen. Die Tür ist verstellt, Sie versuchen sie aufzureißen.

Endlich gelingt es Ihnen. Sie kommen in eine Wohnung, die genauso aussieht wie die Ihre. Es ist Ihre Wohnung, aber alles ist hell, die Luft ist frisch. Sie atmen tief durch. Ihre Möbel stehen da, aber es ist Platz. Sie fühlen sich frei, können sich bewegen. Alles ist hell und weit. Sie setzen sich hin und genießen das neue Gefühl.

Führen Sie diese Übung zwei- bis dreimal täglich an mindestens vier aufeinanderfolgenden Tagen durch. Es kommt dabei sehr darauf an, dass Sie sich ein möglichst lebendiges Bild von der jeweiligen Situation machen, sodass es Ihnen gelingt, sich in die verschiedenen Gefühlslagen hineinzuversetzen.

- **Übung 2**

Auch diese Übung beginnt in der Vorstellung: Sie setzen sich hin und überlegen, welche fünf Gegenstände Sie am ehesten wegwerfen würden. Sie stellen sich vor, wie Sie den ersten Gegenstand in die Hand nehmen, um sich von ihm zu trennen. Welche Gedanken kommen Ihnen dabei? Vielleicht solche wie: „Das kann ich doch noch einmal gebrauchen! Das wäre doch schade! Das ist doch noch von Tante Lisa!" Sie sind dabei, diesen Gedanken nachzugeben, doch es kommt eine unangenehme Anspannung in Ihnen auf.

Jetzt gehen Sie kämpferisch gegen die alten Gedanken vor, die Sie davon abhalten, sich von dem Gegenstand zu trennen.

Sie sagen sich: „Irgendwo muss ich anfangen, sonst ersticke ich noch, das Ding muss weg." Sie befördern den Gegenstand ganz energisch in einen Müllsack. Augenblicklich verspüren Sie ein Gefühl der Erleichterung. Auf dieselbe Art gehen Sie alle Gegenstände bis zum fünften durch.

Wenn Sie mit der Übung in der Fantasie fertig sind, stehen Sie augenblicklich auf und tun es wirklich – ohne Wenn und Aber.

■ Übung 3

Alle Gegenstände, die Sie wegwerfen oder weggeben, listen Sie auf, wie Heidi es getan hat. Sie setzen sich von Zeit zu Zeit mit der Liste in Ihren Lieblingssessel, sehen die Liste der weggeworfenen Gegenstände durch und stellen sich vor, wie sie vor Ihnen liegen. Der Platz vor Ihnen füllt sich langsam mit dem alten Gerümpel. Es ist scheußlich. Sie lesen weiter, und die alten Dinge stapeln sich immer höher. Am Ende sagen Sie sich: „Das ist alles weg!", und Sie können erleichtert aufatmen.

■ Übung 4

Dies ist vielleicht die wichtigste Übung. Denken Sie von Zeit zu Zeit darüber nach, warum Sie den ganzen Ballast in Ihrem Leben aufbewahrt haben: weil Sie sich daran festgeklammert haben, weil Sie etwas von der Vergangenheit nicht aufgeben wollten.

Und nun überlegen Sie, was im jetzigen Moment wirklich wichtig für Sie ist. Sind es die alten Sachen? Könnten Sie nicht Ihr Leben mehr genießen und freier gestalten, wenn Sie nicht so ängstlich an der Vergangenheit kleben würden? Was möchten Sie mit Ihrer Zukunft anfangen? Was sind Ihre Wünsche, welche Pläne haben Sie? Was wollen Sie noch erreichen? Geben Sie sich eine ehrliche Antwort, und handeln Sie danach.

Hinwendung zur Zukunft

Damit haben wir die wichtigsten Formen von Kontrollzwängen behandelt. Wir wenden uns einem neuen Problem zu.

Berührungsängste und Waschzwänge

Inhaltsverzeichnis

7.1 Welt der Gegensätze – 66

7.2 Der Fall Magda – 67

7.3 Erläuterungen zu Berührungsängsten und Waschzwängen – 68
7.3.1 Struktur der Störung – 68
7.3.2 Inhalte der Ängste – 69
7.3.3 Berühren und das Übertragen der Gefahr – 70
7.3.4 Die Wahrnehmung der Zwangskranken – 71
7.3.5 Waschen und Wischen als Abwehr – 72
7.3.6 Rituale – 73

7.4 Über die Ursachen von Berührungsängsten und Waschzwängen – 75

7.5 Verhaltenstherapie bei Berührungsängsten und Waschzwängen – 77

7.6 Maßnahmen zur Überwindung – 77

7.7 Wenn Sie betroffen sind – 81
7.7.1 Was Ihnen Mut machen soll – 81
7.7.2 Übungen – 82

© Der/die Autor(en), exklusiv lizenziert durch Springer-Verlag GmbH, DE, ein Teil von Springer Nature 2021
N. Hoffmann, B. Hofmann, *Wenn Zwänge das Leben einengen*,
https://doi.org/10.1007/978-3-662-62267-4_7

7.1 Welt der Gegensätze

Zwänge können das Leben in einzelnen Bereichen oder aber voll und ganz einengen. Eine wichtige Frage lautet also: Nehmen Gedanken und Handlungen, die mit dem Zwang in Zusammenhang stehen, nur einen Teil der Zeit in Anspruch, oder sind die Kranken so gut wie immer damit beschäftigt?

Unter Menschen, die an Berührungsängsten und Waschzwängen leiden (beides gehört zum selben Störungsbild), finden sich besonders viele, bei denen der Zwang das gesamte Leben durchdringt. Jede Situation wird nach den Gesetzmäßigkeiten des Zwangs erlebt. Daher gibt es in dieser Patientengruppe besonders viele schwer Erkrankte. Bevor wir nun diese Störung ausführlich erläutern, möchten wir ein paar grundsätzliche Bemerkungen machen.

Gegenwelt des Bösen

Wir leben in einer Welt der Gegensätze. Es gibt die schönen, erfreulichen Seiten des Lebens, aber wir wissen, dass es auch Schmutz, Katastrophen, Krankheit und Tod gibt. Menschen, die wir als gesund bezeichnen, lassen sich die schönen Seiten nicht durch eine ständige Beschäftigung mit dem Bösen und Hinfälligen verderben. Bei Zwangskranken ist das anders.

Bei der Betrachtung des Kontrollzwangs haben wir Ihnen Menschen vorgestellt, die mit unendlicher Mühe und unter großen Qualen immer wieder versuchen, zukünftiges Unheil und eigene Schuld abzuwenden. In einigen Bereichen ihres Lebens sind sie voll „funktionsfähig" und auch empfänglich für das Schöne, in anderen Bereichen entdecken wir eine endlose Folge von sinnlosen Selbstquälereien. Aus der Sicht des Kranken allerdings sieht die Sache anders aus: Es gelingt ihm gerade noch, die Katastrophe immer wieder aufzuhalten, auch wenn es einen großen Teil seiner Kräfte kostet. Er hat aber noch das Gefühl, dass die Vermeidung des Unheils in seiner Macht steht. Seine Welt ist noch einigermaßen intakt, wenn auch immerzu gefährdet.

Bei den Kranken, über die wir nun sprechen, ist das anders. Sie leben in einer Welt, deren Ordnung und Struktur ständig durch Signale aus einer Gegenwelt des Bösen und Abscheulichen durchbrochen wird. Sie können diese seelische Situation nur ertragen, wenn sie ständig kämpfen, um das Allerärgste zu verhindern. Aber es gibt kaum noch einen Lebensbereich, der ganz frei vom Zwang wäre. Führen wir uns ein solches Dasein an einem konkreten Beispiel vor Augen.

7.2 Der Fall Magda

Magda ist 35 Jahre alt. Sie lebt mit ihrem Freund zusammen und ist als Sachbearbeiterin tätig. Magda wurde streng religiös erzogen. Die Mutter nahm in ihrer Kindheit eine übermächtige Stellung ein. Sie achtete peinlich auf Sauberkeit und verbot Magda, Spiele zu spielen, bei denen sie sich hätte schmutzig machen können. Sie durfte nur mit Kindern sprechen, die von der Mutter als „sauber" befunden wurden. Alle anderen galten als zu schmuddelig. Vor den „schmutzigen" Kindern hatte Magda Angst. Sie wich jeder Berührung aus, um nicht von der Mutter bestraft zu werden. Sie hatte mehrere Schürzen, die sie immer in einer bestimmten Reihenfolge tragen musste. Ein Desinfektionsmittel spielte eine große Rolle im Haushalt. Magda erinnert sich, dass die Mutter es sehr häufig benutzte. Als Magda später die ersten harmlosen Kontakte zu jungen Männern hatte, wurde sie von ihrer Mutter wüst beschimpft, dass sie sich beschmutzt habe und nun „verdorben" sei.

Die ersten Ängste und Ekelgefühle traten mit 20 auf. Magda war von zu Hause ausgezogen, hauptsächlich um der Mutter zu entfliehen. Sie wohnte damals mit einer Bekannten zusammen, die nicht ganz ihren Sauberkeitsvorstellungen entsprach. Magda bekam plötzlich Angst vor Ungeziefer. Sie wusch sich sehr oft und suchte die Wohnung nach Würmern und Insekten ab. Das Zimmer der Bekannten mied sie so weit wie möglich. Ihre Angst vor Ungeziefer hielt in der folgenden Zeit an.

Am Anfang ihrer Berufstätigkeit hatte sie eine Kollegin, mit der sie sich überhaupt nicht vertrug. Sie empfand sie als arrogant, gewöhnlich und ungepflegt. Kurz bevor die Kollegin aus dem Dienst ausschied, erzählte sie, sie habe in ihrer Wohnung ein Problem mit Schimmelpilzen. Seitdem steht der Gedanke an Schimmelpilze im Mittelpunkt von Magdas Ängsten und Ekelgefühlen.

Der Schreibtisch, an dem die Kollegin gearbeitet hat, wird in Magdas Augen zur Hauptgefahrenquelle: Er ist total mit Schimmelpilzen „verseucht". Sie vermeidet selbstverständlich, ihn zu berühren, und macht einen weiten Bogen um ihn. Aber das allein reicht nicht. Die Kollegin Weber, die jetzt an diesem Platz arbeitet, ist ihr an sich sehr sympathisch. Aber Magda muss sie auch noch mit anderen Augen sehen: Sie ist höchst gefährlich. Ihre Person, ihre Kleidung, die Akten, die sie anfasst – alles ist verseucht. Magda würde ihr um keinen Preis die Hand geben. Das tut ihr manchmal sogar ein wenig leid, aber sie kann nicht anders.

Erste Kindheitsängste

Schimmelpilz als Symbol des Bösen

Waschen und wischen

Wenn Magda eine Akte bearbeitet hat, die die Kollegin ihr brachte, wäscht sie sich danach, so schnell sie kann, die Hände. In der Zwischenzeit versucht sie, so wenig wie möglich anzufassen, um den Schimmel nicht auf andere Gegenstände zu übertragen. Vor allem hält sie die rechte Hand so, dass sie damit auf keinen Fall ihre Kleidung berührt. Die Stelle, wo die Akte lag, und auch den Kugelschreiber wischt sie bei der ersten Gelegenheit mit einem feuchten Lappen ab. Das ist manchmal sehr schwierig.

Aber auch jeder andere Kollege könnte im Vorbeigehen den gefährlichen Schreibtisch streifen oder etwas in Empfang nehmen, das darauf gelegen hat. So gelten auch die Kollegen als gefährlich, wenn auch nicht im selben Maße wie Frau Weber.

Wenn Magda nach Hause kommt, wischt sie all ihre Kleidungsstücke mit einem feuchten Tuch ab. Dann wäscht sie sich mehrmals gründlich. Die Hände wäscht sie bis zu 80-mal am Tag. Die Haut ist stark angegriffen. Ihr Freund darf sie nicht berühren, bevor sie sich nicht gewaschen hat. Einmal hat er ihr in der Tür die Tasche abgenommen und auf eine Kommode gestellt. Magda musste das Möbelstück lange abwischen, hat aber seitdem nie mehr das Gefühl, dass es einwandfrei ist. Sie war dem Freund lange böse.

Sie hat einmal zufällig erfahren, dass jemand, der Frau Weber gut kennt, in derselben Boutique einkauft wie sie. Seitdem meidet sie das Geschäft und hat alles weggeworfen, was sie je dort gekauft hat. Sie geht heute noch sehr ungern durch diese Straße.

Bevor Magda sich schlafen legt, geht sie den ganzen Tag noch einmal in Gedanken durch. Hat sie heute alle Gefahren beseitigen können? Hat sie etwas übersehen? Oft wäscht sie sich dann noch einmal. Das Bett darf auf keinen Fall verseucht werden. Morgen beginnt der Kampf von Neuem. Und so wird es weitergehen. Jeden Tag.

7.3 Erläuterungen zu Berührungsängsten und Waschzwängen

7.3.1 Struktur der Störung

Magdas Störung hat zwei Seiten. Teile ihrer Umwelt – das können Menschen oder Gegenstände sein – lösen bei ihr die Vorstellung aus, sie könnten mit Schimmelpilzen in Berührung gekommen sein. Das ruft bei ihr Angst und Ekel hervor, zusammen mit der Erwartung, dass ihr oder anderen dadurch ein schreckliches Unheil zustoßen könnte. Das ist die Angstseite der Störung.

7.3 · Erläuterungen zu Berührungsängsten und Waschzwängen

Die andere Seite der Störung sieht so aus: Um die unangenehmen Gefühle und Vorstellungen abzuwehren, verfügt sie über zwei Arten von „Maßnahmen". Sie kann versuchen, nicht mit den gefährlichen Menschen oder Gegenständen in Berührung zu kommen. Sie macht z. B. einen Umweg oder gibt jemandem absichtlich nicht die Hand. Die anderen Maßnahmen sind energischer. Wenn schon eine Berührung mit etwas Gefährlichem nicht zu umgehen ist, so kann sie die „Gefahr" aktiv beseitigen. Sie wäscht sich nachher mehrmals die Hände, bis sie das Gefühl hat, dass sie wieder in Ordnung sind. Einen „verseuchten" Gegenstand wischt sie mehrmals mit lauwarmem Wasser ab. Diese beiden Arten, sich der Gefahr zu erwehren, sind die Gegenmittel, die sie im Laufe der Zeit „erfunden" hat, um mit ihren Befürchtungen umzugehen. Sie bilden die Abwehrseite. Beide Anteile zusammen, die Berührungsängste und der Zwang, die Gefahren abzuwehren, machen ihre Erkrankung aus.

Passive und aktive Vermeidung

7.3.2 Inhalte der Ängste

Bei Patienten wie Magda stehen immer bestimmte Vorstellungen im Mittelpunkt des Bewusstseins. Sie sind die Auslöser der Angst und des Ekels und gelten als Vorboten der Gefahr.

Bei Zwangskranken können grundsätzlich alle Gegenstände oder Sachverhalte zu Angstauslösern werden. Voraussetzung ist, dass sie einmal oder mehrmals in einer unangenehmen Situation vorgekommen sind. Eine unserer Patientinnen entwickelte nach und nach Ängste vor Papageientulpen, roten Autos, gelben Gegenständen, Schallplatten, dem Sender Freies Berlin, der Zahl 19 … Die Liste könnte fortgesetzt werden. Als Folge versuchte sie das alles aus ihrem Leben zu verbannen und war sehr ängstlich, wenn sie dennoch damit konfrontiert wurde. Aber solche Ängste stehen selten im Mittelpunkt der Störung. Meist sind es Inhalte, die sich bei fast allen Zwangskranken mit erstaunlicher Regelmäßigkeit wiederholen.

Ein Thema, das immer wieder auftritt, ist der Tod. Gängige Todessymbole wie Kreuze, Personen in Trauerkleidung, Leichenwagen, Friedhöfe usw. lösen dann bei den Kranken starkes Unbehagen und vor allem die Erwartung von Unheil aus. Sie werden um jeden Preis gemieden.

Typische Angst- und Ekelauslöser

Das andere Thema, das sehr häufig wiederkehrt, ist „Krankheit". Darin nehmen meist Bakterien und Viren eine zentrale Stellung ein. Bei vielen Zwangskranken bestehen Ängste vor der Berührung mit Objekten, die von Tuberkulosebakterien, Tollwut- oder Aidsviren u. Ä. verseucht sein könnten. Auch „Krebs" und „Blut" sind Inhalte, die in vielen Fällen Gefahr bedeuten. Die Berührungsangst muss sich aber nicht auf real existierende Krankheitserreger beziehen, sie kann auch die Angst vor „Schmutzigem", „nicht Einwandfreiem" zum Thema haben.

Schließlich kann die Angst auch bestehen, wenn sich im Bewusstsein des Patienten eine abstrakte Idee, wie die von „Todesmaterie", festgesetzt hat. Todesmaterie gilt dem Kranken dann als etwas, das an die Hand gelangen kann, etwa wenn man eine Todesanzeige angefasst hat.

Es kann sich im Zwangssystem aber auch alles z. B. um „Vateriges" drehen. „Vateriges" ist das, was an einem Gegenstand haftet, den der (ungeliebte) Vater berührt hat oder berührt haben könnte. Vateriges kann aus der Sicht des Betroffenen ein unzumutbarer Risikofaktor bei den verschiedensten Unternehmungen werden. Vateriges an einem Flugschein könnte die Maschine stark gefährden, am Kuvert eines Bewerbungsschreiben bedeutet es die fast sichere Ablehnung seitens der zuständigen Instanz.

Wichtig bei all dem ist, dass der Zwangskranke nicht unbedingt davor Angst hat, mit der entsprechenden Krankheit angesteckt zu werden, also z. B. Tollwut zu bekommen, wenn er mit etwas „Verseuchtem" in Berührung gekommen ist. In vielen Fällen fürchtet er ein unbestimmtes Unheil, das ihm oder anderen widerfahren könnte.

Welches Bild der Gefahr sich dann – meist plötzlich – festsetzt, ist oft von zufälligen Ereignissen abhängig. Das Beispiel von Magda hat uns das eindrucksvoll gezeigt. Die zufällige Klage der verhassten Kollegin, sie habe ein Problem mit Schimmelpilzen in ihrer Wohnung, legte von einem Augenblick zum anderen das Bild fest, das seitdem höchste Gefahr bedeutet.

Vorher hatte Magda sich vor Würmern geekelt, doch die traten nun völlig in den Hintergrund und wurden von einer anderen Vorstellung abgelöst. Allerdings haben sowohl Würmer als auch Schimmelpilze etwas mit Krankheit, Schmutz und Unreinheit zu tun und sind klein genug, um potenziell überall einzudringen.

7.3.3 Berühren und das Übertragen der Gefahr

Die vermeintlich gefährliche Substanz, um die es bei Magda geht, ist Schimmel. Sie hat Angst, einen Menschen oder einen Gegenstand zu berühren, der mit Schimmelpilzen in Berührung gekommen sein könnte. Fasst sie etwas an, das ihr nicht einwandfrei erscheint, so hat sie ein „ekliges Gefühl" an der Hand, das über lange Zeit bestehen bleibt. Diese Hand fühlt sich für sie ganz anders an als die andere.

Ein anderer Gedanke ist der, dass sie die gefährliche Substanz weiterverbreiten könnte. Das ist bei anderen Patienten genauso. Berührt sie mit der Hand ihren Freund, ihre Jacke oder ein Stück Papier, so gelten auch sie als verseucht. Auf diese Weise kommen Ketten zustande, durch die – immer im zwanghaften Denksystem – der Schimmelpilz innerhalb kurzer Zeit überall verbreitet wird.

Endlose Übertragungsketten

Das sieht z. B. so aus: Magda muss jemandem die Hand geben und berührt anschließend unfreiwillig ihre Hose. Die Hose ist verseucht. Der Freund trägt den Einkaufskorb und streift dabei zufällig ihre Kleidung. Der Korb ist verseucht. Er stellt den Korb dennoch auf den Küchentisch – und Magda hat das Gefühl, der Küchentisch ist verseucht. Sie muss ihn mühsam abwischen, damit er für sie wieder benutzbar ist.

Die Vorstellung der Kettenbildung erklärt auch, warum Zwangskranke sich unter Umständen kaum irgendwo mehr sicher fühlen. Schon bei dem bloßen Gedanken an eine solche Kette, die überall hinführen kann, breitet sich die Angst wie ein Lauffeuer aus. Dabei geht die Gefahr letzten Endes von Menschen aus, die durch Berührung und Weiterverbreitung die ganze Welt des Zwanghaften verseuchen.

Es gibt Plätze, die die Kranken besonders vor dem Kontakt mit den „gefährlichen" Substanzen abschirmen wollen. Das sind in der Regel die Wohnung, das Schlafzimmer und vor allem das Bett. Bevor sie mit dem Bett in Berührung kommen, müssen sie auch das letzte Risiko beseitigt haben. Diese Plätze werden dann als „rein" erlebt. Hier fühlen sie sich sicher. Oasen inmitten einer verseuchten Welt.

7.3.4 Die Wahrnehmung der Zwangskranken

Eine Zwangskranke wie Magda hat eine andere Sicht der Welt als wir. Wenn Sie am Morgen Ihr Büro betreten, so sehen Sie: Alle sind schon da, Sie kommen zu spät. Der Chef macht ein finsteres Gesicht. Hoffentlich kommen nicht wieder Vorwürfe. Auf Ihrem Schreibtisch stapeln sich die Akten, es gibt viel Arbeit. Die nette Kollegin ist aus dem Urlaub gekommen und lächelt Sie an. Also doch ein Lichtblick. Sie grüßen und setzen sich an Ihren Platz.

Magda sieht das alles auch, aber sie sieht noch etwas ganz anderes:

» Frau Weber, die an „dem Schreibtisch", steht gerade auf. Ich darf auf keinen Fall mit ihr zusammenstoßen und mache einen Umweg. Auf meinem Schreibtisch liegen zwei rote

Akten. Die legt Herr Müller normalerweise hin. Er steht sich sehr gut mit Frau Weber und hat ihr vermutlich die Hand gegeben. Ich muss mir also gleich, wenn ich die Akten erledigt habe, die Hände waschen und bei der ersten günstigen Gelegenheit die Schreibtischplatte und alles, was ich angefasst habe, abwischen. Hoffentlich fragt der Schmidt nicht wieder, warum ich so häufig an meinem Schreibtisch herumfummele. Vorher muss ich unbedingt darauf achten, meine Kleider nicht zu berühren …

Leben wie in zwei Welten

So lebt sie, wie Sie sehen, in zwei Welten: in der, in der wir uns alle bewegen, und in einer anderen, deren Gesetze der Zwang bestimmt. Sie können sich vorstellen, welche Spannungen sich aus dem Versuch ergeben, beide miteinander in Einklang zu bringen: in der „Welt der Normalen" einigermaßen zu funktionieren und nicht durch komisches Verhalten aufzufallen und in der Welt des Zwanges bloß keinen Fehler zu machen.

7.3.5 Waschen und Wischen als Abwehr

Beseitigung der Spuren des Bösen

Wir haben zwischen der Angstseite (Berührungsängste) und der Abwehrseite unterschieden. Die Ängste, vermischt mit Ekel, rufen bei den Kranken das dringende Bedürfnis (oder den Zwangsimpuls) hervor, etwas gegen das drohende Unheil zu unternehmen. Sie „wissen" meist sehr genau, was zu tun ist. Konnten sie einer Gefahrenquelle nicht ausweichen und hat eine Berührung stattgefunden, so sind das Waschen des eigenen Körpers oder das Abwischen von Gegenständen die Maßnahmen, die unbedingt erforderlich sind. Sie allein scheinen ihnen geeignet, die Gefahrensubstanz zu entfernen und damit das Unheil abzuwenden.

Beschreiben wir nochmals die Situation aus Magdas Sicht. Durch die Berührung mit gefährlichen Objekten (die in ihren Augen mit Schimmelpilzen verseucht sind) bricht der Gedanke an Verfall, Krankheit oder Unheil in ihre Welt ein und bemächtigt sich ihrer. Dabei kommen grundlegende menschliche Befürchtungen zum Vorschein, die auch uns nicht unbekannt sind: Angst vor dem Tod, Angst vor eigener Krankheit oder der lieber Mitmenschen usw. Durch die Berührung wird der Kranke nicht nur an die Existenz dieser Gefahren erinnert, sondern er hat ein Signal erhalten, dass sie nun auch ihm drohen. Durch Ausführen des Abwehrverhaltens verfügt er bis zu einem gewissen Grad über die Möglichkeit, die gestörte Ordnung wiederherzustellen. Wenn er wäscht oder wischt, hat er die Empfindung, dass die „Spur des Bösen" beseitigt wird.

Kehren wir noch einmal zu Magda zurück. Weil sie mit Schimmelpilzen in Berührung gekommen ist, sind ihre Finger damit behaftet. Sie kann ihn auf alles Mögliche übertragen. Doch durch Abwischen oder Waschen kann sie die Spur beseitigen. So hat sie wieder das Gefühl der „Chancengleichheit" mit anderen, wie sie sich ausdrückt.

Durch die Angstseite der Störung wird der Kranke jedes Mal von Neuem aufgeschreckt. Die Gefahren des Lebens nehmen überdeutliche Formen an und drohen über ihn hereinzubrechen. Durch das Abwehrverhalten gewinnt er zumindest zum Teil und für eine bestimmte Zeit die Gelassenheit zurück. Sie ist notwendig, um wieder eine Zeit lang einigermaßen normal weiterzuleben.

7.3.6 Rituale

Die Schutzmaßnahmen haben eine Tendenz zur Ritualbildung. Es sind genau festgelegte Abfolgen von Handlungen, die sich immer wiederholen und immer gleich ausgeführt werden müssen. So kommentiert ein Patient, wie er seine Hände „richtig" wäscht:

Händewaschen im Zwang

> Jede Hand hat acht Seiten (!). Jede Seite ist nummeriert. Sie werden der Reihe nach zuerst mit Wasser zweimal vorbehandelt, dreimal hauptbehandelt und zweimal nachbehandelt. Dann dieselbe Prozedur mit Seife, die in der aktiven Hand liegt. Dann folgt die andere Hand nach demselben Prinzip. Da die schon behandelte Hand in dem Maße, wie sie zur aktiven wird, von der noch unbehandelten kontaminiert wird, muss die gesamte Prozedur noch fünfmal wiederholt werden, damit die gegenseitige Kontamination „ausgeschlichen" werden kann.

So können – in den Augen des Kranken erfolgversprechende – Rituale ein kaum vorstellbares Ausmaß annehmen. Das wollen wir uns an einem berühmten Beispiel ansehen.

■ Howard Hughes: Geschichte eines begrabenen Lebens

Howard Hughes, Milliardär, Flieger-Ass, Frauenheld, dem ein gewaltiges Imperium zu Füßen lag und der sich die ranghöchsten Politiker kaufte, wenn sie ihm nützlich sein konnten, haben wir schon kurz kennengelernt. Er wurde am 27.11.1966 zum letzten Mal in der Öffentlichkeit gesehen. Seitdem regierte er sein Reich mit kleinen handbeschrifteten Zetteln und Telefonaten. Vor allem regierte er über seine private Dienerschaft. Ein Großteil seiner Zeit verbrachte er damit, Anweisungen zu verfassen. Er hielt darin fest, wie die Diener vorzugehen hatten, um seiner Angst vor Bakterien gerecht zu werden.

Wuchernde Regelwerke

So verfasste er eine seitenlange Anweisung zum Thema „Spezielle Zubereitung von Konservenobst". Darin zählte er neun Schritte auf, die sklavisch genau zu befolgen waren: „Vorbereitung des Tisches", „Beschaffung des Obstes", „Waschen der Konservendose", „Abtrocknen der Konservendose", „Behandlung der Hände", „Öffnen der Dose", „Herausnehmen des Obstes", „Regeln für radioaktiven Niederschlag rund um die Konservendose" und „Abschluss der Operation".

Sehen wir uns seine Anleitung zu Schritt Nr. 5 an. Dieser besteht im viermaligen „gründlichen Waschen und Abspülen der Hände, wobei äußerst sorgfältig auf die 4 Phasen bei jeder Waschung zu achten" sei. Der Betreffende hat zunächst „jeden einzelnen Teil und die Oberfläche seiner Hände und Finger" sorgsam abzubürsten. Anschließend muss „jede Fingerspitze in das Innere der anderen Hand" gelegt und „kreisend gegen die Handfläche" gepresst werden, um den jeweiligen Finger zu reinigen. Dann lässt der Betreffende „die Finger ineinandergreifen und hin- und hergleiten". Zum Schluss sind „die Handflächen zusammenzudrücken und … auszuwringen" (Drosnin 1987, S. 186).

Eine andere Anordnung betrifft die tägliche „Entfernung der Hörgeräteschnur aus dem Badezimmer". Es beginnt noch relativ überschaubar: „Benutzen Sie zunächst 6–8 Lagen Kleenex, eine nach der anderen durch den Schlitz gezogen, um den Türknopf des Badezimmers anzufassen." Mit diesem Tuch darf anschließend der Warmwasserhahn aufgedreht werden, danach ist es zu entsorgen. Mit weiteren sechs bis acht Kleenex-Tüchern soll nun das Seifenschränkchen geöffnet und ein unbenutztes Stück Seife entnommen werden. Auch diese Tücher müssen anschließend weggeworfen werden. Nun sollen die Hände „mit großer Sorgfalt gewaschen werden, sorgfältiger als je zuvor, dabei dürfen die Hände bei dieser Prozedur nicht die Seiten des Beckens, die Hähne oder irgendetwas berühren". Ebenso sorgfältig wird danach die Seife wieder abgelegt, bevor mit weiteren „15–20 frischen Kleenex" der Wasserhahn wieder abgedreht wird. Selbstredend sind die dazu benutzten Tücher anschließend wegzuwerfen (Drosnin 1987, S. 187).

Aus den weiteren Teilen der Anordnung zitieren wir noch Schritt 2 (S. 188): Die Tür des Kabinetts soll „mit mindestens 15 Kleenex geöffnet" und darf keineswegs „zugeknallt oder mit Schwung zugeworfen" werden, damit kein Staub aufgewirbelt wird. Außerdem sei größte Sorgfalt geboten, damit keine Insekten hineinflögen. „Innerhalb des Kabinetts darf nichts berührt werden, die Innenseiten der Türen, die Decke des Kabinetts, die Seitenwände – keine anderen Gegenstände des Kabinetts dürfen berührt werden, mit Ausnahme des zu holenden Umschlags."

Und schließlich kam der Abschluss der Operation: Die Hörgeräteschnur wurde in den Umschlag gelegt. Hier war noch einmal Vorsicht geboten, denn der Umschlag musste „mit mindestens 15 Kleenex geöffnet und fortgelegt" werden. Wenn die betreffende Person dazu beide Hände benötige, seien je Hand 15 Tücher zu verwenden. Hughes fügte hinzu, es sei „selbstverständlich, daß diese 15 Kleenex beiderseitig steril sein müssen, ausgenommen die aller-äußerste Ecke des Tuches. Nur die Mitte des Tuches sollte mit dem aufzuhebenden Gegenstand in Berührung kommen" (Drosnin 1987, S. 187).

Während seine Diener diese Regeln peinlich genau befolgten, lebte Howard Hughes in unvorstellbarem Schmutz. Da nichts aus seinem Schlafzimmer entfernt werden durfte, stand das Bett, auf dem er seine Tage ausgestreckt verbrachte, inmitten wahrer Berge von Gerümpel.

Leben im Gerümpel

Wir geben diese Schilderungen nicht aus Sensationslust wieder. Wir wollen damit zeigen, wie sich ein Zwang ausbreiten kann, wenn ihm kein Widerstand mehr entgegengesetzt wird. Hughes hatte unvorstellbar viel Geld und Macht. Er wusste, dass alle tun würden, was er anordnete. Er musste auch sonst keine Kompromisse eingehen. Niemand konnte Druck auf ihn ausüben, und er musste sich auch keinen sogenannten Notwendigkeiten des täglichen Lebens fügen. Er allein bestimmte, was zu sein hatte. Am Ende bestimmte nur noch die Krankheit. Sie hat ihn bei lebendigem Leibe begraben.

7.4 Über die Ursachen von Berührungsängsten und Waschzwängen

Berührungsängste in leichter Form haben wir alle. Wir kennen Dinge, mit denen wir nur sehr ungern in Kontakt kommen, und wenn es sich nicht umgehen lässt, fühlen wir uns sehr unwohl dabei. Wir kennen auch Menschen, die uns durch ihr Aussehen und ihre Art eher abstoßen. Der Kontakt mit ihnen löst ungute Gefühle aus, und wir versuchen ihn so weit wie möglich zu vermeiden. Das liegt im Bereich des Normalen.

Wir haben alle in unserer Erziehung Maßstäbe für das mitbekommen, was wir für „sauber" und „ordentlich" halten. Werden wir mit etwas konfrontiert, das diesen Maßstäben nicht mehr gerecht wird, so lehnen wir es ab.

Frühes Reinlichkeitstraining

Diese Normen sind sehr unterschiedlich, je nach dem Milieu, in dem wir unsere ersten Jahre verbracht haben. Ist ein Elternteil in Bezug auf Sauberkeit extrem ängstlich, wie etwa die Mutter von Magda, so entsteht eine sehr enge Vorstellung von dem, was noch als sauber gilt. Alles jenseits der Grenzen dieser Vorstellung, d. h. ein großer Teil der Mitmenschen und der uns umgebenden Welt, gilt dann als zweifelhaft, gefährlich oder als ausgesprochen unrein. So war es bei Magda. Bis auf ein Mädchen musste sie alle Mitschülerinnen meiden. Sie galten als zu „schmutzig" für sie.

Hier kommt ein anderer wichtiger Gesichtspunkt ins Spiel. Menschen, über deren „Sauberkeit" so ängstlich gewacht wird und die bei der kleinsten Überschreitung bestraft werden, halten sich schließlich für „etwas Besseres". Man könnte auch sagen, sie machen aus der Not eine Tugend. Für sie gelten besonders strenge Maßstäbe. Ihnen ist vieles nicht fein genug, was anderen durchaus zuzumuten ist. Für sie, die Reinen, ist der Großteil der Welt voller Schmutz und Unrat, und sie haben sich davon fernzuhalten.

Auf diese Art entsteht eine Persönlichkeitsform, die wir durchaus noch als normal akzeptieren. Trotzdem stellen wir enge Maßstäbe, eine geringe Risikobereitschaft und eine vielleicht etwas zwanghafte Auffassung von Sauberkeit fest.

Stress als Auslöser

In einer späteren Lebensphase, die häufig durch Stress und große persönliche Probleme gekennzeichnet ist, kann es dann mehr oder weniger plötzlich zum Ausbruch der eigentlichen Zwangserkrankung kommen.

Der erste Schub erfolgte bei Magda, als sie von der Mutter weggezogen war und zum ersten Mal allein lebte. Die Idee, dass es in ihrer Wohnung möglicherweise Ungeziefer gab, setzte sich bei ihr fest und führte zu den ersten übermäßigen Reinigungshandlungen. Sie war zwar weg von der Mutter, aber wie wir sehen, war diese in Magdas Gedanken und Gefühlen noch überaus gegenwärtig. Dennoch verlief die erste Phase der Erkrankung noch relativ milde.

Auch der zweite Schub der Krankheit fiel in eine Zeit, als Magda große Probleme hatte. Der Gedanke an Schimmelpilze machte sich breit. Dieser Schub traf sie mit voller Wucht, weil die Sporen des Schimmelpilzes unsichtbar sind. Sie können überall sein. Es kam zu ersten Kettenbildungen, und das Abwehrsystem begann zu wuchern. Seitdem muss Magda immer mehr Zeit und Energie darauf verwenden, den Gefahren aus dem Weg zu gehen bzw. sie gänzlich auszuschalten. Die ganze Arbeit erfolgt jetzt auf dieser Ebene des Umgangs mit den Gefahren. Die Frage, ob denn überhaupt von einer realen Gefahr die Rede sein kann, stellt sie sich nur noch selten.

Uns allen ist Schimmelpilz sehr unsympathisch. Wenn Sie Magda fragen, ob für sie eine Gefahr davon ausgeht, die das übliche Maß überschreitet, oder ob Schimmelpilz gar etwas mit einem unbestimmten Unheil zu tun hat, so reagiert sie ausgesprochen unsicher. Im Grunde genommen wisse sie ja, meint sie, dass das alles Unsinn sei. Aber dann wirkt sie wieder nachdenklich. Sie spüre förmlich die Gefahr, und sie ekle sich so sehr davor, dass sie etwas dagegen unternehmen müsse. Vielmehr werden Sie von Magda darüber nicht erfahren. Und wenn Sie weiter bohren, wird sie ausgesprochen ärgerlich. Das zwanghafte System wird kaum noch ernsthaft in Frage gestellt. Magda ist nur noch damit beschäftigt, sich gegen die Gefahren zu wehren, die sie in ihrer Fantasie erfindet.

Nach diesen Beispielen können wir uns die Entstehung von Berührungsängsten und Waschzwängen einigermaßen vorstellen, wenn auch noch viele Fragen offen bleiben.

7.5 Verhaltenstherapie bei Berührungsängsten und Waschzwängen

Waschzwänge, auch schwere Formen, sind therapierbar und sogar heilbar. Eine erfolgreiche Therapie beruht auf einigen Prinzipien, die recht einfach und überschaubar sind. Dennoch ist die praktische Durchführung oft schwierig und mühsam und verlangt eine große Motivation seitens des Patienten.

Veränderungsmotivation

Wenn wir an die vielen Therapien bei Waschzwängen denken, die wir im Laufe der Zeit durchgeführt haben, und uns fragen, worin unsere wichtigste Rolle besteht, so wird uns Folgendes klar: Wir müssen mit großer Konsequenz dafür sorgen, dass der Patient sich immer wieder den für ihn oft unangenehmen Maßnahmen unterzieht. Wir ermutigen ihn, sich Situationen zu stellen, gegen die er sich innerlich sehr sträubt. Wir helfen ihm, bei etwaigen Rückschlägen den Mut nicht zu verlieren. So geben wir ihm einen Rückhalt, der ihm erlaubt, die Therapie durchzuhalten.

Wir wollen nun die therapeutischen Prinzipien schildern, die in der Lage sind, diese Störung grundlegend zu beheben.

7.6 Maßnahmen zur Überwindung

Erstens: Jede erfolgreiche Therapie erfordert eine Konfrontation des Patienten mit den Objekten und Situationen, die seine Angst hervorrufen. Der Kontakt muss absichtlich herbeigeführt werden. In der Therapie macht der Kranke also genau das, was er normalerweise vermeiden will: Er muss die gefürchteten Sachen anfassen.

Reizkonfrontation

Dabei zeigt die Erfahrung folgenden Verlauf: Wenn der Patient die Berührung ausführt, werden zunächst seine Ängste oder Ekelgefühle auftreten. Wenn er den Kontakt nicht abbricht, d. h., wenn er z. B. seine Hand auf der „verseuchten" Türklinke lässt, wird seine Angst am Anfang steigen, aber dann nach einer gewissen Zeit nachlassen. Wird die Berührung fortgesetzt, so ist nach einiger Zeit (das kann bis zu 30 Minuten dauern) das unangenehme Gefühl schwächer geworden oder ganz verschwunden.

Eine der Grundlagen der Therapie ist also die wissenschaftlich nachgewiesene Erfahrung, dass Berührungsängste mit der Dauer der Berührung von selbst geringer werden. Die absolute Voraussetzung – und hier kommen wir zum zweiten Prinzip – ist allerdings, dass der Kranke nicht zu seiner üblichen „Selbsthilfe" greift, sich also z. B. nicht die Hände wäscht. Das Waschen, und das wissen wir mit absoluter Sicherheit, hält die Ängste, langfristig gesehen, am Leben.

Voraussetzung dafür, dass die Ängste durch den gezielten und wiederholten Kontakt mit den gefürchteten Objekten abgebaut werden, ist also das Unterbleiben der Waschrituale. Der Patient gewöhnt sich so allmählich an die gefährlichen Situationen, d. h., die Ängste treten in immer schwächerer Ausprägung auf.

Reaktionsverhinderung

Das erste wichtige Prinzip ist also die absichtliche Berührung der gefürchteten Sachen. Das zweite und genauso wichtige ist das Unterlassen des Waschens. An dieser Stelle setzen die Schwierigkeiten ein. Magda z. B. hat jahrelang genau entgegengesetzt gehandelt. Sie hat Berührungen um jeden Preis vermieden, und wenn sie doch stattfinden mussten, hat sie bei der ersten Gelegenheit die Hände „gesäubert". Damit war kein normales Händewaschen gemeint, wie wir es mehrmals am Tag im Dienste der Hygiene tun, sondern ein Bannen von Gefahren im Sinne des zwanghaften Denksystems. Das muss nun unterbleiben. Hier wird deutlich, welche Konsequenz und Willenskraft die Patientin aufbringen muss, um die jahrelangen Gewohnheiten zu durchbrechen.

Drittens muss jede Berührung so lange durchgehalten werden, bis die Angst fast gänzlich verschwunden ist. Sie muss so oft wiederholt werden, bis schließlich kaum mehr Angst auftritt, wenn es darum geht, die Sachen anzufassen.

Viertens: Um dem Patienten die Therapie zu erleichtern, kann mit einer Sache begonnen werden, bei der er sich nicht so sehr fürchtet. Das wird so lange geübt, bis die Angst ganz weg ist. Dann kommt die nächste dran, die ihm etwas gefährlicher erscheint, usw.

Keine Gewaltkuren!

Es gibt inzwischen in der wissenschaftlichen Literatur viele Belege für die Wirksamkeit dieser Vorgehensweise. Auch wir haben viele Kranke mit Waschzwängen auf diese Art heilen oder ihnen auf diese Art zumindest sehr helfen können. Wir tun dies, indem wir während der gesamten Therapie sehr auf den Patienten eingehen und keine unzumutbaren Gewaltkuren von ihm verlangen.

Wir erleben immer wieder, dass Patienten am Anfang verunsichert sind und sich gegen die ganze Prozedur sträuben.

Wenn wir ihnen aber ausführlich die Prinzipien erklärt haben, auf denen die Vorgehensweise beruht, und von den Erfahrungen berichten, die wir damit gemacht haben, dann bekommen sie Mut, und bald stellen sich auch die ersten Erfolgserlebnisse ein. Um Ihnen einen Eindruck von der praktischen Durchführung zu geben, wollen wir eine Therapiesitzung mit Magda auszugsweise schildern.

■ **Therapiesitzung vom 9.3. (12. Sitzung)**
Die Sitzung findet an einem Samstag statt, an dem Magda nicht zur Arbeit geht. Thema der Sitzung ist die Konfrontation mit Büroakten. Magda unterscheidet drei „Gefährlichkeitsklassen":
1. Akten, die von Müller, dem guten Bekannten der Kollegin Weber, bearbeitet werden,
2. Akten, die die Kollegin Weber kurz durchsieht (zwecks Unterschrift),
3. Akten, die die Kollegin Weber längere Zeit bearbeitet.

Magda hat eine Akte jeder Klasse mitgebracht. Sie sind in Zeitungspapier und in zwei aufeinanderliegenden Plastiktüten eingewickelt. Sie trägt sie so, dass sie möglichst nicht ihre Kleidung berühren.

Wir beginnen um 9:05 Uhr. Magda erzählt mir, welche Schwierigkeiten sie in der letzten Woche wieder mit den Akten hatte. Wir sprechen darüber, dass es ein wichtiger Schritt für sie wäre, wenn sie ohne viel Angst und Abwehrverhalten damit umgehen könnte. Ich bitte sie, sich die Erleichterungen vorzustellen, die das mit sich bringen würde. Ich erinnere sie noch einmal an den Verlauf vorangegangener Sitzungen und an die zwei Haupteffekte, die sie dabei festgestellt hat: Bei der Berührung traten Angst und Ekel auf und erreichten eine gewisse Stärke. Bei der konsequenten Fortführung des Kontaktes (selbstverständlich ohne Abwehrverhalten) nahm die Angst im Laufe der Zeit ab und wurde schließlich sehr gering und gut erträglich, und bei der nächsten Konfrontation mit derselben Sache (zwei Tage später) war die Angst von Anfang an deutlich geringer. Ich bespreche mit Magda die wichtigsten Spielregeln und Ziele für die heutige Sitzung:
— Sie soll lernen, besser mit der Angst umzugehen, sodass diese allmählich abgebaut werden kann.
— Sie behält die ganze Zeit die volle Kontrolle über die Situation. Sie kann letztlich tun, was sie will, und wird zu nichts gezwungen. Wir haben uns darauf geeinigt, dass sie bis an die Grenzen ihrer Belastbarkeit gehen soll.
— Magda soll sich bei der Konfrontation voll auf die Akten konzentrieren und nicht versuchen, sich abzulenken. Gleichzeitig soll sie auf ihre innere Befindlichkeit achten

Registrierung der inneren Befindlichkeit, möglichst kein Meideverhalten

und sie mir laufend beschreiben. Das haben wir am Anfang der Therapie geübt. Auch jedes andere Thema, das ihr Problem betrifft und das Magda für wichtig hält, können wir, falls sie es wünscht, während der Konfrontation besprechen. Magda weiß allerdings, dass ich sie nicht trösten, beruhigen oder ablenken werde, wenn sie über ihre momentanen Empfindungen während der Berührung spricht.

— Magda soll versuchen, ganz bei der äußeren und inneren Realität (Empfindungen) zu bleiben, und keine Mutmaßungen über die Zukunft anstellen.
— Eine inhaltliche Diskussion, etwa darüber, ob die Objekte wirklich gefährlich sind oder nicht, wird nicht stattfinden. Das würde nur zu unfruchtbaren Auseinandersetzungen oder gar zu Machtkämpfen innerhalb des Zwangssystems führen.
— Die Therapie ist nur dann wirksam, wenn jedes Meideverhalten unterbleibt. Das weiß Magda genau. Kein Ausweichen vor den Akten, kein Waschen anschließend oder bei der Rückkehr nach Hause. Magda soll auch nicht „in Gedanken vermeiden", etwa indem sie sich damit tröstet, dass sie sich ja später immer noch waschen könne.

Normaler Umgang

9:25 Uhr: Wir beginnen. Magda packt die Akten aus. Sehr zaghaft und unsicher. Das Zeitungspapier hebt sie an einer Ecke in die Höhe, sodass die Akten von selbst herausfallen. Ich lege die beiden gefährlicheren weg, sodass nur eine auf dem Tisch bleibt. Ich bitte sie, die rechte Hand daraufzulegen. Magda zögert und berührt schließlich die Akte mit dem kleinen Finger. Ich bitte sie, die ganze Hand daraufzulegen. Schließlich macht sie es, hält aber die Hand so, dass die Innenfläche nicht in Kontakt mit der Akte kommt. Ich möchte, dass sie das korrigiert. Während sie die Hand darauflegt, wendet sie den ganzen Körper langsam ab. Darauf mache ich sie aufmerksam, und sie setzt sich wieder normal hin. Als Nächstes öffnet sie die Akte und liest die Teile, die für ihre Arbeit relevant sind. Magda schildert mir laufend ihre Empfindungen. Ich höre ihr aufmerksam zu und spreche mit ihr über ihre Gefühle und über ihre Art, mit der Akte umzugehen usw.

Absinken der Angst

9:45 Uhr: Die Angst hat etwas abgenommen. Ich ermuntere sie dazu, weiter in der Akte zu blättern. Die Angst steigt kurz an, fällt aber dann wieder. Magda sieht ihre Schrift und erinnert sich an ein Erlebnis aus ihrer Kindheit, als die Mutter sie für ihre Kritzeleien bestraft hat. Wir sprechen darüber.

10:05 Uhr: Magda berichtet, dass der Angstpegel deutlich gefallen sei. Wir einigen uns darauf, dass sie die Berührung noch 15 Minuten fortsetzt. Wir sprechen über ihre Erfahrungen; sie schildert mir ihre Gefühle und die Empfindung in der Hand. Sie spricht über ihre Gedanken ans Händewaschen, bekräftigt aber ihren Vorsatz, es zu lassen. Ich ermuntere sie dazu, die Hand normal zu gebrauchen. Wir machen 20 Minuten Pause. Dann geht es weiter.

Zum Schluss wird ausführlich besprochen, was sie heute in der Therapie gelernt hat und wie sie in der nächsten Woche während der Arbeit weiterüben kann. Die Sitzung endet um 12:30 Uhr.

Wir hoffen, Ihnen durch diese Schilderung einen Eindruck von unserer Arbeitsweise gegeben zu haben. Zum Schluss möchten wir Sie noch einmal ausdrücklich auf einige Punkte hinweisen:

- Eine zu kurze Konfrontation mit Objekten, die bislang vermieden wurden, kann zu einem Angstanstieg führen. Unternehmen Sie bitte keine unüberlegten Gewaltkuren.
- Die von uns beschriebenen Maßnahmen werden im Zusammenhang mit anderen therapeutischen Schritten durchgeführt. Diese beziehen sich auf alle Aspekte des Problems, auf die Lebenssituation, die Partnerschaft usw., und stellen keine isolierten Übungen dar.   **Gesamttherapiepläne**
- Mit den „gefährlichen Objekten" wie Akten soll so umgegangen werden wie im normalen Leben, d. h., sie werden bearbeitet. Wenn sich die Berührungsängste auf Geld beziehen, dann soll damit eingekauft werden usw.
- Bei alledem sind die Beziehungen zwischen Therapeut und Patient, das Vertrauensverhältnis und die Erfahrung des Therapeuten von großer Bedeutung. Sie sind auch bei der Durchführung der Übungen ausschlaggebend. Gerade dabei ist die Atmosphäre sehr wichtig.
- Wir machen immer wieder die Erfahrung, dass das Vertrauen zwischen Therapeut und Patient durch die gemeinsam durchgeführten Übungen gefestigt und vertieft wird. Der menschliche Aspekt steht auch bei dem Versuch, eine Störung wie die eben beschriebene zu beheben, absolut im Vordergrund.

7.7 Wenn Sie betroffen sind

7.7.1 Was Ihnen Mut machen soll

Wir haben im vorangegangenen Abschnitt aufgezeigt, nach welchen Prinzipien Berührungsängste und Waschzwänge therapiert werden. Damit wollten wir Ihnen als Betroffenen Mut machen. Im Laufe der Erkrankung, vor allem dann, wenn sie sich immer mehr ausbreitet, kommt es zu einer negativen Entwicklung, die die ganze Person schwächt. Details des normalen Lebens wie Schmutz oder Viren treten immer mehr ins   **Umkehr der negativen Entwicklung**

Zentrum der Aufmerksamkeit, und die Betroffenen werden dadurch immer stärker von ihren wahren Bedürfnissen und Lebenszielen abgeschnitten.

Doch wir wissen auch: Diese Entwicklung ist umkehrbar, und es gibt einen Weg aus der Krankheit heraus. Viele Menschen konnten ihn schon beschreiben, sodass Aussagen wie „Zwänge sind nicht heilbar" falsch sind.

7.7.2 Übungen

Professionelle Hilfe

Bei den ersten Auflagen dieses Buches wurde weitgehend auf Hinweise bezüglich einer möglichen Selbsthilfe bei Berührungsängsten und Waschzwängen verzichtet. Von schweren Waschzwängen Betroffene sollten nicht dazu animiert werden, „auf eigene Faust" Experimente zu unternehmen, die sie zu wenig durchdacht und zu kurzfristig angelegt haben, weil dabei das Risiko besteht, dass sich ihre Ängste sogar kurzfristig erhöhen.

Diese Warnung bleibt nach wie vor bestehen. Ab einem gewissen Schweregrad, ab dem die Erkrankung das tägliche Leben beträchtlich einschränkt, muss therapeutische Hilfe in Anspruch genommen werden. Das gilt auch für andere Formen von Zwängen. Wir sind nach wie vor sehr skeptisch, was den Gedanken betrifft, dass jemand, der an einem schweren Waschzwang leidet, in der Lage sei, allein ein solches System zu überwinden oder sogar ganz daraus auszusteigen. Deshalb wollen wir nicht so tun, als könnten wir Sie dazu anleiten.

Neue Kompromisse mit dem Zwang

Wir wollen Ihnen aber einen Gedanken zu bedenken geben: Jedes Zwangssystem, konsequent zu Ende gedacht, würde die totale Lähmung des Lebens mit sich bringen. Bei keiner Unternehmung kann ein „Restrisiko" im Sinne des Zwanges ausgeschlossen werden. Sind also alle Unternehmungen deshalb zu streichen? Soll das Leben deshalb ganz zum Stillstand kommen? Sie wissen genauso gut wie wir, dass das nicht geht!

Das, was Sie jetzt tun, und die Art, wie Sie sich verhalten, stellen schon einen Kompromiss dar zwischen dem, was der Zwang Ihnen diktiert, und der Notwendigkeit weiterzuleben. Wenn es Ihnen also schon gelungen ist, einen Kompromiss mit Ihrem Zwang einzugehen, dann ist es Ihnen auch möglich, neue Kompromisse zu schließen, die immer lebensförderlicher sind und den Zwang mit seinen sinnlosen Schikanen immer mehr in seine Schranken weisen. Das können Sie mittels der folgenden Schritte erreichen.

- **Bilanz ziehen, ein Ziel festlegen, neue Kompromisse schließen**

Vergegenwärtigen Sie sich noch einmal die Ziele und Pläne, die Sie haben. Denken Sie dann an die Schwierigkeiten, Störungen und Blockaden, die durch Ihre Zwangssymptome entstehen und Sie bei der Verwirklichung dieser Ziele und Pläne behindern. Ziehen Sie Bilanz, und begründen Sie noch einmal, warum es so wichtig ist für Sie, etwas gegen den Zwang zu unternehmen. Sammeln Sie auf diese Art Argumente gegen den Zwang und gegen die (falsche) Sicherheit, die er Ihnen angeblich bietet.

Suchen Sie sich ein erstes Ziel aus, das Ihnen am Herzen liegt. Wo und wie schränken die zwanghaften Regeln, die Sie bisher befolgten, Sie dabei ein? Über welche der Gebote und Verbote des Zwanges müssten Sie sich hinwegsetzen, um dem Ziel ein Stück näher zu kommen?

Wenn es Ihnen nicht gelingt, Ihren Zwang ganz abzustreifen, dann müssen Sie einen neuen Kompromiss mit ihm schließen. Dieser soll Ihnen mehr Freiheit und mehr Spielraum bieten als der alte, an den Sie sich bislang gehalten haben. Wenn Sie z. B. den Wunsch haben, endlich wieder einmal in ein bestimmtes Restaurant zu gehen, dann werden Sie vielleicht zwangsläufig eine U-Bahn-Linie nehmen müssen, die Sie lange Zeit gemieden haben, weil Sie glaubten, dort besonders vielen „suspekten Personen" über den Weg zu laufen. Das müssen Sie also in Kauf nehmen. Wenn Sie dabei jemand streifen sollte, der Ihnen nicht „einwandfrei" vorkommt, dann werden Sie nicht aussteigen, um wieder nach Hause zu fahren und die „verseuchte" Kleidung abzulegen … Gehen Sie auf diese Weise die wichtigsten zwangsbedingten Schwierigkeiten durch, die der Zwang Ihnen bei Ihrem Lokalbesuch bereiten kann.

Spielraum gewinnen

- **Die Situation durchspielen, eine Entscheidung treffen**

Spielen Sie die Situation (Ihren Gang ins Restaurant) ein paarmal in der Vorstellung durch, und bekräftigen Sie Ihre Entschlossenheit, dem Zwang ein Stück Terrain abzugewinnen, im Interesse Ihres gesunden Lebens und Ihrer weiteren Entwicklung. Machen Sie sich selbst Mut, und gehen Sie auf Distanz zu Ihrer Zwangserkrankung. Führen Sie sich vor Augen, wodurch dieser Fremdkörper in Ihr Leben eingedrungen ist, und besinnen Sie sich auf die Stärken, auf die Sie sich ja (außerhalb der Zwangssituationen) so gut verlassen können. Letzten Endes können sie auch in der Auseinandersetzung mit dem Zwang zum Tragen kommen.

Übung in der Vorstellung

Treffen Sie auf dem Hintergrund dieser Überlegungen eine Entscheidung für oder gegen Ihren Ausflug. Wenn Sie sich dazu entschlossen haben, dann versuchen Sie Ihren neuen, ein Stück weit vom Zwang befreiten Plan in die Tat umzusetzen, so gut es geht und so gut Sie es schon können.

- **Nicht zu viel von sich verlangen**

Keine unrealistischen Erwartungen

Verlangen Sie keine Wunderdinge von sich. Vielleicht merken Sie, dass Sie eine bestimmte Veränderung, die Sie sich vorgenommen haben, noch nicht ganz schaffen. Lassen Sie sich dadurch nicht entmutigen. Schließen Sie einen neuen Kompromiss, der Ihren aktuellen Möglichkeiten gerechter wird. Sehen Sie darin keine Niederlage, sondern einen Beleg für Ihre Entschlossenheit, allmählich voranzukommen.

Zwangsgedanken

Inhaltsverzeichnis

8.1 Störgedanken versus Zwangsgedanken – 86

8.2 Der Fall Arthur – 87

8.3 Erläuterungen zu Zwangsgedanken – 89
8.3.1 Inhalte von Zwangsgedanken – 89
8.3.2 Kontrollversuche – 90
8.3.3 Gegengedanken oder Gegenbilder – 91
8.3.4 Ausmerzen der Gedanken – 91
8.3.5 Wiederholen – 92

8.4 Über die Ursachen von Zwangsgedanken – 93

8.5 Wenn Sie betroffen sind – 94
8.5.1 Was Ihnen Mut machen soll – 94
8.5.2 Übungen – 95

© Der/die Autor(en), exklusiv lizenziert durch Springer-Verlag GmbH, DE, ein Teil von Springer Nature 2021
N. Hoffmann, B. Hofmann, *Wenn Zwänge das Leben einengen*,
https://doi.org/10.1007/978-3-662-62267-4_8

8.1 Störgedanken versus Zwangsgedanken

Störgedanken

Ereignisse, die starke Gefühle auslösen, wirken lange Zeit nach. Wenn Sie auf dem Weg zur Arbeit Zeuge eines schweren Unfalls geworden sind, merken Sie, dass Gedanken an den Unfall Sie den ganzen Tag richtiggehend verfolgen. Vielleicht tauchen auch einzelne Bilder auf, z. B. von den Verletzten oder von verformten Autokarosserien. Diese Gedanken sind nicht angenehm und stören Sie bei allem Möglichen. Sie wollen sie verdrängen und loswerden, aber es gelingt Ihnen nicht so recht.

Solche Gedanken nennen wir Störgedanken. Sie schießen uns durch den Kopf, obwohl wir uns nicht mit der Sache beschäftigen wollen, um die sie sich drehen. Auch der „Ohrwurm", die Melodie, die uns nicht loslässt, gehört hierzu. Störgedanken sind völlig normal. Sie treten vor allem als „Nachhall" starker Erlebnisse auf. Sie mögen uns zwar momentan stören, und wir würden sie gerne loswerden, aber sie drängen uns nicht dazu, etwas zu tun, was wir nicht wollen. Vor allem empfinden wir sie als normal und als angemessen angesichts der Tatsache, dass wir ein so starkes Erlebnis hatten.

Sie wissen auch, was es bedeutet zu grübeln. Sie haben ein Problem, und es geht Ihnen immer wieder durch den Kopf. Sie spielen einzelne Lösungsmöglichkeiten durch oder suchen nach neuen. Die Stimmung ist nicht die beste, aber Sie finden es normal, dass das Problem Sie beschäftigt. Vielleicht haben Sie sogar den Eindruck, etwas Sinnvolles zu tun, weil Sie ja nach einer Lösung suchen.

Anders ist es mit Zwangsgedanken. Hier kommt eine neue Qualität hinzu. Der Kranke erlebt die Gedanken als fremd, sinnlos oder absurd. Eine Mutter wird ständig von dem Gedanken gequält, sie könne ihre Kinder am Trommelfell verletzen, und zwar dadurch, dass sie plötzlich und ungewollt zu laut schreit. Diese Gedanken machen ihr in höchstem Maße Angst und erfüllen sie mit Schuldgefühlen und Selbstzweifeln. Sie will ja ihre Kinder nicht verletzen. Sie versucht immer wieder, den Gedanken zu bekämpfen, steht aber dabei auf verlorenem Posten.

Ein Kranker hat einmal im Hinblick auf seine Zwangsgedanken von „Gehirnverschmutzung" gesprochen. Das zeigt, in welchem Maße sie das Leben stören. Sehen wir es uns an einem konkreten Beispiel an.

8.2 Der Fall Arthur

Arthur ist 45 und unverheiratet. Er ist als Küchenhilfe bei einer Wohltätigkeitsorganisation angestellt. Arthur ist das älteste von vier Geschwistern. Den Vater beschreibt er als ungeduldig, jähzornig und ohne jedes Verständnis für seine Kinder. Arthur wurde sehr oft von ihm geschlagen. Als Kind hatte er ständig Angst, etwas falsch zu machen und so die Strafe des Vaters auf sich zu ziehen. Die Mutter ist ängstlich und kränklich. Wenn Arthur sie heute besucht, drehen sich die Gespräche wie seit je um ihre Gesundheit.

In der Schule wurde Arthur geärgert, gehänselt und nachgeäfft. Er fand schwer Kontakt zu anderen und suchte Trost in der Religion. Viel Gefallen fand er an prunkvollen Gottesdiensten. Er spielte sie nach, wenn er allein war, und legte großen Wert darauf, die einzelnen Gesten genauso auszuführen wie der Priester. Erste schwere Gewissenskonflikte traten mit etwa zehn Jahren auf. Er wurde von dem Gedanken gequält, einzelne Kniebeugen nicht genau genug ausgeführt zu haben. Um seine Angst vor der göttlichen Strafe zu lindern, ging er dann immer heimlich in die Kirche und holte die einzelnen Bewegungen vorschriftsgemäß nach. In der Nacht musste er dann, als letzte Wiedergutmachung, den ganzen Gottesdienst nachspielen. Einmal wurde er von seinem völlig verständnislosen Vater dabei erwischt, als „Spinner" beschimpft und verprügelt.

Arthur sammelte Heiligenbilder. Da er sehr oft ans Jüngste Gericht dachte, stellte sich ihm mit aller Dringlichkeit die Frage nach der Sitzordnung der Heiligen. Waren sie in alphabetischer Folge aufgereiht? Oder aber nach Körpergröße? Oder nach dem Grad ihrer Heiligkeit?

Arthur erinnert sich, dass das Grübeln über dieses Problem ihn oft beim Lernen störte oder ihn daran hinderte, einzuschlafen. Er geriet dabei immer sehr in Erregung. Mehrmals unternahm er den Anlauf, sich einem Seelsorger anzuvertrauen und ihn um die Antwort zu bitten. Es kam aber nie dazu. Arthur befürchtete, dass der Priester ihn als „böses Kind" entlarven würde, weil er so grundlegende Dinge nicht wusste.

Arthur begann sehr früh, sich um seine Gesundheit zu sorgen. Mit 16 hatte er Angst vor Haarausfall und davor, mit einem Schlag alle Zähne zu verlieren. Er vermutete einen Gehirntumor, weil er so oft böse Gedanken gehabt hatte. Die Mutter nahm die Sache sehr ernst und stellte ihn mehreren Spezialisten vor. Zu dieser Zeit bekam Arthur Angst vor bösen Gedanken. Sie würden nicht nur zu seiner Verdammnis führen, sondern ihn schon auf Erden zeichnen. Wenn ihn ein Ge-

Erste Gewissenskonflikte

Sorgen um die Gesundheit

danke überfiel, der als „böse" gelten konnte, so war eine bestimmte Zeitspanne verdorben. Die Zeitspanne erstreckte sich auf die 16 Minuten vor dem Eintreffen des Gedankens und auf die 16 Minuten danach. Alles, was er in den 16 Minuten davor gemacht hatte, musste Arthur wiederholen – aber nicht in den 16 Minuten danach, denn auch die waren ja verdorben. In dieser Zeit musste sich Arthur möglichst unauffällig verhalten. Im Alter von 17 Jahren betrug die magische Zeitspanne 17 Minuten usw. bis zum 20. Lebensjahr.

Suche nach eigenen Fehlern

Mit 20 Jahren verliebte er sich in eine junge Frau. Arthur lebte auf, fühlte sich freier, und seine unangenehmen Gedanken gingen stark zurück. Das Mädchen erwiderte aber seine Liebe nur teilweise, und die Beziehung ging nach einem halben Jahr in die Brüche. Arthur empfand das als Strafe, weil er sicher vieles falsch gemacht hatte. Er versuchte, seine Fehler herauszufinden, und begann alle Episoden mit der jungen Frau, an die er sich erinnern konnte, aufzuschreiben. Bei jedem noch so harmlosen Gespräch, das in seinem Gedächtnis haften geblieben war, suchte er nach seinem „Fehler". So kam er auf einen Katalog von über 50 Fehlern. Seitdem hat er nie wieder richtig Anschluss an eine Frau gefunden.

Magisches Denken

Arthur wurde Koch und nahm eine Stelle in einer Großküche an. Eines Tages erfuhr er, dass ein Mann, der üblicherweise seine Mahlzeiten dort einnahm, plötzlich verstorben war. Diesem Mann war Arthur einmal über den Weg gelaufen, und es hatte wegen einer Belanglosigkeit einen heftigen Wortwechsel gegeben. In der Sekunde der Todesnachricht überfiel Arthur der Gedanke, er könne schuld am Tod des Mannes sein. Er fing an, darüber nachzugrübeln, ob er vielleicht durch Unachtsamkeit einen Fehler beim Kochen begangen haben könnte. Aber dann wären ja auch andere Gäste krank geworden. Dann kam ihm der Gedanke, eine seiner Pillen (er nahm damals Psychopharmaka) könnte auf den Teller des Mannes gelangt sein. Dieser Gedanke ließ ihn nicht mehr los, obwohl er ihm von Anfang an völlig unsinnig vorkam. Seitdem wurde Arthur von der Angst gequält, seine Gäste könnten durch seine Unaufmerksamkeit zu Schaden kommen. Er kontrollierte immer wieder die Taschen seiner Kleider, um sicherzugehen, dass sie nichts Gefährliches enthielten.

Manchmal, wenn die Zwangsgedanken besonders stark waren, rief er das Servierpersonal unter dem Vorwand zurück, er habe etwas vergessen. Dann vergewisserte er sich noch einmal, dass nichts auf die Teller geraten war. Manchmal kippte er auch schon angerichtete Teller absichtlich um. Oft überkamen die Ängste Arthur schon auf dem Weg zur Arbeit. Dann ging er wieder zurück bis zu seiner Haustür und ging erneut los. Er meinte, nur dann in voller Verantwortung seine Arbeit machen zu können, wenn er den Weg dorthin ohne böse Gedanken zurückgelegt hatte. An manchen Tagen musste er bis zu sechsmal umkehren. Mehrmals gab er auf und meldete sich krank, weil die Gedanken immer wiederkehrten.

Wenn die Zwangsgedanken sehr quälend waren, bekam Arthur heftige Schweißausbrüche, Zittern und sogar Durchfall. Da die Situation immer schlimmer wurde, gab Arthur freiwillig seine Stellung auf, unter dem Vorwand, dass die Arbeit zu anstrengend sei. Er ließ sich anderswo als Küchenhilfe anstellen. Das verschaffte ihm Erleichterung. Der Gedanke, jemanden unabsichtlich zu vergiften, trat zurück.

In seiner Freizeit macht Arthur gern Musik. Er spielt zwei Instrumente und singt in einem Chor. Eines Tages kam ihm der Gedanke, dass es schön wäre, in einem bestimmten anderen Chor mitzusingen. Nach monatelangen qualvollen Überlegungen wollte er zu dem zweiten Chor Kontakt aufnehmen. Er erfuhr, dass der Chor sich in der Zwischenzeit aufgelöst hatte. Arthur verbringt viele Abende damit, darüber nachzugrübeln, ob es besser wäre, bei dem zweiten Chor mitzusingen, wenn es ihn noch gäbe. Die Frage quält ihn sehr. Er findet keine Antwort.

Sinnloses Grübeln

8.3 Erläuterungen zu Zwangsgedanken

Zwangsgedanken sind Gedanken oder Gedankenketten, die sich immer wieder aufdrängen. Sie erscheinen dem Betroffenen meist als nicht annehmbar, weil sie seinen üblichen Vorstellungen und Normen widersprechen. So versucht er sich gegen sie zu wehren, meist ohne viel Erfolg.

8.3.1 Inhalte von Zwangsgedanken

Die Gedankenwelt aller zwanghaften Menschen ist in höchstem Maße von Sorge gekennzeichnet. Bei ihnen haben negative Inhalte endgültig die Oberhand gewonnen. Sie drohen alles andere zu ersticken.

Untersuchungen haben ergeben, dass Gedanken an folgende Themen immer wieder auftauchen:
- eigene Unfähigkeit (in moralischer Hinsicht und in Bezug auf Aussehen und Leistung),
- Sorge um die eigene Gesundheit,
- Beschäftigung mit dem Tod, mit Schmutz und Ansteckungsgefahren,
- Unheil, das der eigenen Person und anderen widerfahren könnte.

Wiederkehrende Themen

Daneben können alle möglichen sinnlosen Inhalte auftauchen, die zwar im eigenen Leben keine Rolle spielen, die aber in den Gedanken immer wiederkehren. Das ständige ungewollte Auftauchen dieser Inhalte führt zu einer inneren Befindlichkeit, die durch Zweifel, Selbstvorwürfe und unlösbare Entscheidungen gekennzeichnet ist.

Erinnern Sie sich an Arthur: Er macht sich Sorgen um die eigene Gesundheit und um die der anderen, in diesem Fall um die der Gäste. In beiden Fällen könnte durch sein Versagen Schaden entstanden sein. Er macht sich Vorwürfe, weil er bei religiösen Zeremonien, beim Kochen und in der Beziehung zu der jungen Frau Fehler gemacht hat. Er versucht unlösbare Fragen zu beantworten, etwa die nach der Anordnung der Heiligen, und schämt sich, weil er die Antwort nicht finden kann. Er grübelt sogar dann noch über die beiden Chöre nach, als er schon längst weiß, dass es den einen gar nicht mehr gibt. Nicht einmal an der Stelle verfügt er über ein inneres Stoppsignal, das ihn zur Ruhe bringt.

Die Gedanken drehen sich immer weiter. Ständige Sorge, immer Angst, Schuldgefühle und Zweifel. Kaum Platz für anderes. Sie verstehen jetzt, was der eingangs zitierte Betroffene mit „Gehirnverschmutzung" meinte. Ein Gehirn vergiftet sich selbst.

8.3.2 Kontrollversuche

Der Zwang hat immer zwei Seiten: auf der einen Seite die Ängste und Unheilserwartungen, auf der anderen die Maßnahmen, die dem Kranken geeignet erscheinen, die Ängste und Unheilserwartungen zu neutralisieren. So ist es auch bei Menschen, die unter Zwangsgedanken leiden. Die eigenen Gedanken kommen ihnen so bedrohlich vor, dass sie etwas dagegen unternehmen müssen. Sie sollen neutralisiert werden, um so das drohende Unheil abzuwenden. An dieser Stelle tauchen wir in Bereiche des Seelenlebens ein, die vieles mit der Märchenwelt unserer Kindheit und den Naturreligionen gemeinsam haben: Es ist die Welt der Zauberei.

Gegenzauber

Der Kranke wird von schrecklichen Gedanken überfallen. Die einfachste Art, sich dagegen zu wehren, wäre, sie zu prüfen, für unsinnig zu befinden und sie dann sozusagen ad acta zu legen, ihnen also keine weitere Bedeutung zuzumessen. Gerade das kann der Kranke aber schlecht oder gar nicht. Die bedrohlichen Gedanken lassen sich nicht verjagen und kommen immer wieder. Ein derart bedrängter und hilfloser Mensch wird dann, aus seiner Not heraus, zum Erfinder. Er erfindet ein Gegenmittel gegen die Gedanken, durch das er ihre schädliche Wirkung kontrollieren kann. Er entscheidet, wodurch der Gedanke seine Unheil verheißende Kraft verliert. Führt er den Gegenzauber aus, so hat das Böse für diesmal seine Macht verloren.

Jeder Kranke hat in der Regel eine ganze Palette an Gegenmaßnahmen zur Verfügung, die sich im Laufe der Zeit eher zufällig herausgebildet haben. Doch dabei gibt es einzelne Typen, die sich immer wieder wiederholen. Wir wollen die wichtigsten beschreiben.

8.3.3 Gegengedanken oder Gegenbilder

Sie kennen Tagträume. Wenn Sie schlechter Stimmung sind oder sich langweilen, träumen Sie vom nächsten Urlaub oder von einem angenehmen Erlebnis aus der Vergangenheit. Sie sehen sich vielleicht auch einmal als großen Dirigenten oder als gefeierten Filmstar. Solche Träumereien können uns durchaus aufmuntern und den grauen Alltag vergessen lassen.

Gegenmittel gegen Böses

Auch Zwangskranke greifen zu Gegengedanken oder -bildern, um ihre Ängste zu bannen. Aber dabei ist alles Spielerisch-Verträumte verloren gegangen. Die Prozedur ist mechanisch und zwanghaft. Ein Patient „musste" immer, wenn er ein Todessymbol, etwa ein Kreuz, sah, sich ein rotes, ein grünes und ein gelbes Osterei vorstellen. Ostereier erinnerten ihn an das Auferstehungsfest seiner Kindheit, an Glockengeläut, an Frühling, kurz: an blühendes Leben. Durch die Gegenvorstellung war die Macht des bösen Symbols für dieses eine Mal gebannt. Abends zog er dann Bilanz und zählte die Eier, zu denen er an diesem Tag hatte Zuflucht nehmen müssen. Ein 60-Eier-Tag war kein guter Tag.

8.3.4 Ausmerzen der Gedanken

Gelegentlich versuchen Kranke auch auf eine eher symbolische Weise, den Gedanken daran zu hindern, ins Zentrum der Person, nämlich in den Kopf, zu gelangen, oder sie versuchen ihn auszumerzen, wenn er sich dort schon festgesetzt hat.

Wenn eine Patientin etwas „Böses" ansehen musste, rieb sie sich energisch die Augen, um den Gedanken schon dort zu neutralisieren. Hatte sie etwas gehört, rieb sie sich die Ohren. Musste sie etwas anfassen, versuchte sie, durch starkes Abklemmen des Oberarms das Übel auf seinem Weg ins Gehirn aufzuhalten. Ein anderer Kranker stieß, wenn er von einem bösen Gedanken befallen war, unentwegt den Laut „Ffffff" aus, bis er die Vorstellung hatte, das Böse entfliehe seinem Kopf in Form eines großen schwarzen Vogels.

8.3.5 Wiederholen

Eines der häufigsten Gegenmittel ist die Wiederholung. Arthur besänftigte schon als Kind sein schlechtes Gewissen dadurch, dass er einzelne Gesten, wie das Beugen der Knie, einfach wiederholte. Damit war die durch seine Schuld gestörte Ordnung wiederhergestellt. Als Erwachsener traute er sich nicht, für andere zu kochen, wenn ihm auf dem Weg zur Arbeit ein böser Gedanke gekommen war. Er ging den Weg zurück und unternahm einen neuen Versuch.

Negative Allmachtsfantasien

Für Arthur wirft der Gedanke seinen Schatten derart weit voraus, dass genau das eintreten kann, was er unter allen Umständen vermeiden möchte. Dahinter steckt eine Art Allmachtsfantasie, wenn auch im negativen Sinne. Wenn Arthur an etwas Böses denkt, wird es eintreffen oder kann zumindest eintreffen. Wenn er alles rückgängig macht, die Zeit zurückdreht und den Weg noch einmal geht, passiert nichts. So bestimmt er den Lauf der Welt – zumindest in diesem Punkt.

Hier sind wir mitten in der Welt der Dämonen, der bösen Geister, des Zaubers und Gegenzaubers. Zwei Welten treffen aufeinander. Die vordergründige, die wir alle kennen, und die des zwanghaften Denkens, in der der Kranke, hilflos und mächtig zugleich, dunkel waltet.

Zum Schluss möchten wir noch an einem fast amüsanten Beispiel zeigen, wie souverän Menschen – immer innerhalb des zwanghaften Denksystems – mit dem Schicksal umgehen können.

Trickreiche Gegenwehr

Eine Patientin hat eine starke Abneigung gegen die Zahl 19. Sie bedeutet nur Unheil. Wenn sie beruflich in Westdeutschland zu tun hat, ist es unumgänglich, dass sie die letzte Strecke zum Zielort mit einem Bus der Linie 19 zurücklegt. Es ist also ein Unglück zu befürchten. Zufällig hat sie entdeckt, dass die einzige Konditorei am Ort ihre Lieblingsschokolade nicht führt. Jedes Mal, wenn sie ankommt, führt ihr erster Gang ins Geschäft. Sie fragt nach der Schokolade und bekommt jedes Mal die gleiche Antwort: Die Marke wird nicht geführt. Erleichtert geht sie von dannen und kann mit der Arbeit beginnen. Das Unglück ist passiert, die Schokolade hat sie nicht bekommen. Die 19 hat für dieses Mal verspielt.

So ist der Kranke, der ständig neue Gefahren erfindet, zumindest teilweise in der Lage, sich innere und äußere Sicherheitssignale zu setzen – ein ständiger Kampf, weitab von den großen Auseinandersetzungen des Lebens, ein Kampf auf einem Nebenkriegsschauplatz, auf dem der Kämpfende allein mit sich selbst ist.

8.4 Über die Ursachen von Zwangsgedanken

Wenn wir uns an Arthurs Kindheit erinnern, so fällt uns der überstrenge Vater ein, der ständig nach Fehlern suchte und sie hart bestrafte. So etwas führt bei einem Kind zu großer innerer Verunsicherung. Es wird sich selbst gegenüber überkritisch und achtet ängstlich darauf, nur nichts falsch zu machen.

Strafendes Gewissen

Diese Haltung kann sich auch beim Erwachsenen noch halten. Der Gedanke, dass man etwas falsch machen könnte, taucht dann sehr häufig auf. Ein Kind wie Arthur kann sich nicht einfach davon freimachen. Am Ende steht ja wirklich der Vater mit seinem Tadel und seinen Prügeln. Der Erwachsene trägt die strafende Instanz in sich, in Form seines Gewissens. So entstehen die ersten zwanghaft wiederkehrenden und schwer zu vertreibenden Gedanken an eigene Fehler und Schuld. Gleichzeitig geht eine gewisse innere Leichtigkeit im Umgang mit dem Leben verloren.

Wenn Sie religiös sind und den Gottesdienst besuchen, werden Sie sich wohl nicht im Nachhinein jedes Mal Rechenschaft darüber ablegen, ob Sie sich ordnungsgemäß niedergekniet haben. Bei Arthur ist das anders. Gott ist hart. Er übersieht auch nicht den kleinsten Fehler. Taucht eine Frage auf wie die nach der Sitzordnung der Heiligen (das ist bei einem Kind durchaus möglich), so muss ihr mit aller Konsequenz nachgegangen werden. Die Antwort nicht zu kennen ist ein Zeichen für Schlechtigkeit. Das löst große Angst aus, und die Verunsicherung nimmt zu.

Die Spirale dreht sich weiter. Je schlechter die Stimmung, desto häufiger und quälender die Zwangsgedanken. Je größer die äußeren Belastungen und der Druck, dem man ausgesetzt ist, desto mehr werden Strafe, Versagen und Unheil befürchtet.

Stimmung-Gedanken-Spirale

Wenn Sie Gedanken loswerden möchten, die Ihnen lästig oder unangenehm sind, so haben Sie vor allem zwei Möglichkeiten zur Verfügung. Zum einen können Sie energisch gegen die Gedanken reagieren, sie sozusagen „wegschicken": „Ich will jetzt nicht an die nächste Woche denken. Es ist Wochenende, und ich möchte es genießen." Die zweite Möglichkeit ist die Zerstreuung: Sie beschäftigen sich mit etwas anderem, am besten mit etwas, was Sie interessiert und packt, und kommen so auf andere Gedanken.

Beide Methoden funktionieren bei Arthur und seinen Leidensgenossen schlecht. Wir wissen nicht genau, warum das so ist. Sie kommen nicht von ihren Gedanken los. Das kann daran liegen, dass Menschen mit einer so unglücklichen Lebensgeschichte besonders viele schreckliche Gedanken kommen („Ich könnte jemanden vergiftet haben"). Ein anderer Grund kann sein, dass sie sich Fragen stellen, die grund-

Kindliche Hilfsmittel

sätzlich nicht zu beantworten sind (denken Sie an Arthurs Grübelei über die beiden Chöre).

Statt auf die üblichen Arten mit unangenehmen Gedanken umzugehen, greifen Zwangskranke zu Mitteln, die tief in der Kindheit wurzeln, als der Umgang mit der Wirklichkeit noch ein anderer war: Wiederholung, Gegenzauber usw. Diese Mittel verschaffen ihnen kurzfristig eine gewisse Erleichterung und sind so bis zu einem gewissen Grad „erfolgreich". Deshalb werden sie immer wieder eingesetzt, wodurch es leider nie zu einer echten Auseinandersetzung mit dem Inhalt der Ängste kommt. Es ist also genau derselbe Mechanismus, den wir schon bei den Berührungsängsten kennengelernt haben. Der Kranke bleibt im System, und ein Mensch wie Arthur bleibt in der Welt seiner Zwangsgedanken gefangen. Er leidet so, als wäre er wirklich der Missetäter, für den er sich in seinen Ängsten hält.

8.5 Wenn Sie betroffen sind

8.5.1 Was Ihnen Mut machen soll

An dieser Stelle wollen wir Ihnen ein paar Gedanken vermitteln, die Sie bei Ihrer Auseinandersetzung mit Ihrer Zwangserkrankung ermutigen können.

- **Die Inhalte Ihrer Zwangsgedanken entstammen nicht dem Kern Ihrer Persönlichkeit**

Zwangsgedanken sind persönlichkeitsfremd

Verwechseln Sie nicht das, was Ihre Zwangsgedanken beinhalten, mit den Einstellungen, Werten und Absichten, die Ihrer wahren Persönlichkeit entsprechen. Das Gegenteil ist richtig: Ihr wahres Ich drückt sich dann aus, wenn Sie sich Ihre Zwangsgedanken wegdenken. Zwangsgedanken geben immer das wieder, was Ihren wahren Bedürfnissen und Ihrem Wertesystem am meisten widerspricht. In diesem Sinne drücken Zwangsgedanken eigentlich immer das Gegenteil von dem aus, was Sie wirklich wollen und sich wünschen. Der Gedanke einer Mutter: „Könnte es sein, dass ich aus einem Impuls heraus mein Kind schwer verletze?", sagt also gar nichts über ihre wahre Beziehung zu dem Kind aus. Das echte Gefühl für ihr Kind drückt sich dann aus, wenn sie keine Zwangsgedanken hat.

- **Zwangsgedanken werden nicht in die Tat umgesetzt**

Keine Gedanken-Tat-Einheit

Zwangsgedanken, egal welchen Inhalts, sind nicht die Vorläufer Ihrer Handlungen! Verwechseln Sie also bitte eine Zwangsstörung nicht mit einer Verhaltensstörung, bei der Sie wirklich die Kontrolle über sich verlieren und dann schreckliche Dinge tun können. Zwangsgedanken sind wie schwarze Fledermäuse, die durch Ihr Gehirn flattern, aber sie kündigen nicht das an, was Sie demnächst tun werden, wie sie auch kein Bild Ihrer wahren Persönlichkeit darstellen. Sie können also sich selbst, Ihren Wahrnehmungen, Ihrer Urteilsfähigkeit und Ihren Handlungen weiter voll vertrauen. Sie sind nicht am Rande des Wahnsinns.

- **Versuchen Sie wieder stärker mit Ihrer wahren Persönlichkeit, Ihren Werten und Bedürfnissen in Kontakt zu kommen**

Zwänge halten Sie in der Regel davon ab, die Dinge zu tun, die Ihrem Wesen entsprechen, oder engen zumindest Ihre Freiräume dafür immer mehr ein. Reagieren Sie dagegen. Fragen Sie sich öfter: Was ist wirklich wichtig in meinem Leben? Was will ich wirklich für mich und für andere? Was fühle ich wirklich? Was ist mir wirklich wichtig? Wohin soll mein Leben mich führen? Immer, wenn Sie sich damit beschäftigen, gelingt es Ihnen, die Nebelgespenster des Zwanges zu verscheuchen.

Rückkehr zu wahren Gefühlen und Werten

- **Setzen Sie dem Zwang Ihre wahren Gefühle entgegen**

Der Zwang hat Ihnen nur ein Gefühl zu bieten: ein kurzfristiges, falsches Sicherheitsgefühl, wenn Sie sich ihm beugen. Daneben entwickelt sich in dem Maße, wie der Zwang Sie beherrscht, eine große innere Leere. Doch Sie verfügen über eine ganze Palette wahrer, echter menschlicher Gefühle, die lediglich unterdrückt werden. Sie können sie systematisch fördern und gegen den Zwang einsetzen: die Freude am wahren Leben, Ärger und Wut auf das fremde System des Zwanges, das Sie terrorisiert, Trotz und Auflehnung, zusammen mit dem festen Entschluss: „Ich will das nicht mehr."

Entwickeln Sie Zuversicht und Vertrauen in Ihre Stärken und in Ihre wahre Persönlichkeit. Helfen kann Ihnen auch die Liebe zu den Menschen, die Ihnen wirklich etwas bedeuten, und die Hoffnung auf ein immer zwangsfreieres Leben. In dem Maße, wie Ihre Gefühle aufblühen, wird der Raum, den der Zwang in Ihrem Denken und Fühlen einnimmt, immer geringer werden.

8.5.2 Übungen

Angenommen, Sie kommen oft zu mir zu Besuch und wissen, dass ich die ausgefallensten Ideen habe. Geld habe ich auch, nebenbei gesagt. Heute habe ich mir etwas Besonderes ausgedacht. Ich führe Sie zu meiner Haustür und sage: „Wenn es

Ein künstlicher Zwangsgedanke

Ihnen gelingt, einmal durch diese Tür zu gehen, ohne an einen Nasenbären zu denken, so schenke ich Ihnen auf der Stelle 100.000 Euro." Sie glauben mir aufs Wort. Werden Sie es schaffen?

Ein Jahr später. Ich habe mich an der Börse verspekuliert, und Sie wissen, ich bin jetzt ein armer Mann. Ich habe keinen Cent mehr. Sie besuchen mich weiter. Die Jahre ziehen ins Land, und Sie halten mir die Treue. Wie oft werden Sie die Schwelle überschreiten und dabei an alles Mögliche denken, bloß nicht mehr an den besagten Nasenbär? Sie sehen: Je wichtiger es für Sie ist, nicht an etwas zu denken, desto sicherer wird der Gedanke kommen. Je unwichtiger eine Sache ist, desto geringer ist die Wahrscheinlichkeit, dass sie Ihnen einfällt.

In unserem kleinen Spiel haben wir einen Zwangsgedanken produziert. Er wird kommen, jedes Mal, wenn Sie durch die Tür gehen, ob Sie wollen oder nicht. Aber nur so lange, wie die Angelegenheit für Sie wichtig ist. Das gilt auch für echte Zwangsgedanken. Sie werden als besonders unangenehm und gefährlich erlebt. Der Betroffene hat große Angst davor, dass sie auftreten. Und gerade deshalb treten sie immer wieder auf.

Wir wollen jetzt eine Reihe von Schritten beschreiben, die darauf angelegt sind, Zwangsgedanken langsam ihren Schrecken zu nehmen, mit dem Ziel, sie allmählich verschwinden zu lassen. Diese Schritte stammen aus der therapeutischen Praxis, sind aber bei leichteren Fällen auch im Rahmen von Selbsthilfe anwendbar.

Gedankenkonfrontation

Diese Methode verlangt, ganz ähnlich wie bei der Therapie der Waschzwänge, eine direkte und absichtliche Konfrontation mit den Gedanken. Wenn Sie starke Befürchtungen haben, dass Sie dies unter keinen Umständen aushalten, oder die Angst sehr groß ist, dass durch das Denken dieser Gedanken etwas Schlimmes passieren könnte, sollten Sie keine Experimente mit dieser Methode machen, sondern sich einem Therapeuten anvertrauen.

Vor dem ersten Schritt rufen wir Ihnen noch einmal einige wichtige Fakten ins Gedächtnis:

— Menschen haben manchmal die eigenartigsten Gedanken. Sie sind nicht verantwortlich für jeden Gedanken, der Ihnen durch den Kopf geht.
— Es gibt Gedanken, die sich einfach so einstellen, ohne dass Sie dem eine große Bedeutung beimessen müssen. Wenn Ihnen ein Gedanke kommt, so heißt das nicht, dass Sie sich lange mit der Sache beschäftigen müssen.
— Sie brauchen sich nicht für jeden Gedanken zu schämen. Sie müssen auch keine Angst davor haben, dass Sie etwas tun werden, bloß weil Ihnen der Gedanke daran gekommen ist.

8.5 · Wenn Sie betroffen sind

- **Erster Schritt: Zwangsgedanken aufschreiben**

Sie werden nun eine Zeit lang Gedanken festhalten, die Ihnen lästig vorkommen oder die Sie erschrecken, besonders solche, die Sie immer wieder überfallen. Sie brauchen keine Angst vor diesem Schritt zu haben. Dadurch, dass Sie die lästigen Eindringlinge besser kennenlernen, kommen sie nicht häufiger oder gewinnen irgendeine Macht über Sie.

Die konkrete Aufgabe: Sie halten sieben Tage lang Gedanken, die zwanghaft wiederkommen und Sie beunruhigen, kurz schriftlich fest. Anhand einer Strichliste verschaffen Sie sich einen Überblick über die ungefähre Häufigkeit eines jeden Gedanken.

- **Zweiter Schritt: Zwangsgedanken genau betrachten**

Sie haben nun eine Liste von unerwünschten Gedanken oder Zwangsgrübeleien, die Sie eine Woche lang geplagt haben. Diese Gedanken sagen nichts über Ihr Leben, Ihre Pläne und Wünsche aus. Es sind Störenfriede, die es abzustellen gilt, weil sie keinen positiven Wert für Sie haben.

Kein Verdrängen des Gedankens

Aber zuerst werden Sie sie genauer betrachten. Lesen Sie den ersten Gedanken genau durch. Versuchen Sie nicht, ihn zu vermeiden oder loszuwerden. Nehmen wir an, der Gedanke lautet: „Ich könnte mich im Supermarkt so ungeschickt verhalten, dass ein riesengroßes Regal zusammenstürzt."

Vielleicht merken Sie, wie Sie innerlich bei dem Gedanken zusammenzucken und ihn verdrängen wollen. Aber Sie behalten ihn vor Augen. Der Gedanke ist: „Ich gehe öfter einkaufen. Im Geschäft stehen die Waren in Regalen. Ich könnte mich so ungeschickt bewegen, dass alles in sich zusammenstürzt." Sie malen sich nichts anderes aus als das, was der Gedanke wirklich beinhaltet. Dann nehmen Sie ein kleines Kärtchen, schreiben den Gedanken darauf und legen es beiseite. Auf diese Art gehen Sie alle Gedanken durch und schreiben sie einzeln auf.

- **Dritter Schritt: Zwangsgedanken bewusst hervorrufen**

Zwangsgedanken überfallen Sie meist dann, wenn sie besonders stören. Sie werden nun lernen, sie bewusst und absichtlich hervorzurufen, und zwar dann, wenn Sie es bestimmen. Dadurch werden Sie sich allmählich an die Gedanken gewöhnen, auch wenn sie noch so unangenehm oder ausgefallen sind. Die Gedanken werden dabei allmählich ihren Schrecken verlieren und nach und nach in den Hintergrund treten.

Konfrontation mit den Gedanken

Sie suchen sich einen Platz aus, wo Sie ungestört sind. Wichtig ist auch, dass Sie die Übung zu einer festen Tageszeit ausführen, die immer gleich bleiben sollte.

Sie nehmen Ihre Kärtchen, setzen sich hin und versuchen, sich ein bisschen zu entspannen. Sie wissen, dass auf den Kärtchen Gedanken stehen, die Sie belästigen. Diese Gedanken haben nichts mit der Realität zu tun, mit dem, was Sie tun werden oder nicht. Es sind bloß lästige, unsinnige Störgedanken.

Jetzt nehmen Sie das erste Kärtchen und lesen den entsprechenden Gedanken. Nun schließen Sie die Augen und führen sich immer wieder den einen Gedanken vor Augen. Es kann sein, dass dabei ein Gefühl der Spannung in Ihnen aufsteigt, aber Sie geben nicht nach und bleiben bei dem Gedanken – am besten so lange, bis Sie merken, dass die Anspannung etwas nachlässt. Das kann bis zu fünf Minuten dauern, in einigen Fällen sogar noch länger. Es kann sein, dass Sie sich irgendwann innerlich ein bisschen leer fühlen, so, als würde das, was auf dem Kärtchen steht, seinen Sinn verlieren. Dieser Effekt ist positiv und erwünscht. Dann legen Sie das Kärtchen weg und machen eine kurze Pause.

Sie nehmen sich das nächste Kärtchen und verfahren genauso. In einer Übungssitzung gehen Sie alle Gedanken auf diese Art zwei- bis dreimal durch. Die tägliche Übungsdauer sollte auf keinen Fall kürzer als 30 Minuten sein.

Bei der Übung sollten Sie unbedingt all das, was wir „Neutralisierungsversuche" genannt haben, unterlassen. Sie sollten also unter keinen Umständen versuchen, den Gedanken in Ihrer Vorstellung zu bannen, indem Sie z. B. einen Gegengedanken fassen. Auch dürfen Sie nachher nichts unternehmen, um den „bösen Gedanken" wiedergutzumachen. Nur so ist die Übung erfolgreich.

Wenn Sie jeden Tag auf diese Art üben, werden Sie merken, dass die Gedanken langsam ihren Schrecken verlieren. Ihr unsinniger Charakter tritt immer stärker zutage, und Sie distanzieren sich immer mehr davon.

- **Vierter Schritt: Umgang mit besonders hartnäckigen Zwangsgedanken üben**

Kontinuierliches Üben

Es ist wichtig, dass Sie kontinuierlich üben, bis die Gedanken Ihnen immer weniger Angst machen und im täglichen Leben immer seltener auftreten. Ob Sie Erfolg haben, können Sie kontrollieren, indem Sie wieder eine Beobachtungswoche einlegen und die Häufigkeit von lästigen Gedanken registrieren. Sollte ein neuer Zwangsgedanke auftauchen, so fügen Sie ihn Ihrer Sammlung hinzu.

Wenn einer der Gedanken zwischendurch einmal auftritt, so können Sie auf zweierlei Art damit umgehen:

— Sie behandeln den Gedanken wie einen ungebetenen Gast, der zur falschen Zeit erscheint. Sie erschrecken nicht vor ihm und verweisen ihn bestimmt auf die nächste Übungs-

stunde. Dann werden Sie sich mit ihm beschäftigen, aber nicht jetzt. Anschließend versuchen Sie sich auf der Stelle mit etwas anderem zu beschäftigen.
- Wenn Ihnen „Fantasiespiele mit Übertreibungen" liegen, können Sie auch darauf zurückgreifen. Sie sagen dem Gedanken so etwas wie: „Du willst mir keine Ruhe lassen und lässt dich nicht auf unsere nächste Übung vertrösten. Dann wirst du eben jetzt gehörig herangenommen." Und Sie fangen an, die ganze Angelegenheit bis ins Komische zu übertreiben, wie wir es Ihnen gezeigt haben.

Der Gedanke „Ich könnte im Supermarkt etwas umstoßen" ließe sich etwa folgendermaßen weiterspinnen: „Ich ziehe eine Dose Ananas heraus, und alle Dosen fangen an zu purzeln. Das ganze Regal gerät aus dem Gleichgewicht und bricht zusammen. Eine Verkäuferin eilt herbei, stolpert über eine Dose und bricht sich sämtliche Knochen. Im Fallen fliegt das Wurstmesser, das sie in der Hand hatte, und trifft den Filialleiter in die Schulter. Schreiend stürzt er auf die Straße, um sich in der nächsten Apotheke verbinden zu lassen. Das Auto des Bürgermeisters, das gerade vorbeifährt, muss eine Notbremsung machen. Die Sicherheitsbeamten vermuten einen Terroranschlag auf sein Leben. Der Flughafen wird gesperrt, alle Zufahrtswege werden dichtgemacht. Die Stadt ist im Belagerungszustand, die Bevölkerung fängt an zu hungern ..." – „So etwas kann einfach passieren, wenn ich Ananas einkaufe", sagen Sie sich zum Schluss.

Übertreibungen entlasten

Wenn Sie eine Zeit lang konsequent besonders hartnäckige Zwangsgedanken übertreiben, werden Sie merken, dass sie Ihnen weniger Angst bereiten und immer seltener auftreten.

- **Fünfter Schritt: Zwangsgedanken herausfordern**

Wenn Sie mutiger geworden sind im Umgang mit einem Zwangsgedanken, d. h., wenn Sie eine größere Distanz zwischen ihm und Ihrem gesunden Bewusstsein geschaffen haben, dann können Sie die letzte Stufe der Herausforderung einleiten.

Bislang haben Sie versucht, sich so verhalten, dass die Ihnen Angst machenden Gedanken möglichst selten auftreten. Und das ist verständlich. Aber wenn Sie wollen, können Sie diesen Trend radikal umkehren. Suchen Sie bewusst und absichtlich Situationen auf, in denen die Gedanken mit großer Wahrscheinlichkeit auftreten. Gehen Sie Ihre Zwangsgedanken suchen. Stellen Sie sich Ihnen, fordern Sie sie heraus. Sagen Sie sich: „Ich lasse mich nicht weiter einschränken und terrorisieren. Ich weiß, was ich von diesen Gedanken zu halten habe. Sie entsprechen nicht meinem wahren Innern. Sie sind kein Ausdruck meiner Wünsche und Bedürfnisse, egal wie

Absichtliche Konfrontation in der Wirklichkeit

stark das den Gedanken begleitende negative Gefühl ist. Ich will mir mein wahres Leben nicht durch sie verderben lassen."

Wenn Sie irgendetwas tun oder irgendwo sind, wo der Spuk der Zwangsgedanken fast unweigerlich wieder losgeht, dann sagen Sie sich: „Damit muss ich rechnen. Selbstverständlich musste jetzt dieser Gedanke kommen, aber das bedeutet in keiner Weise, dass er wahr ist. Das bedeutet lediglich, dass meine Zwangserkrankung noch nicht ganz geheilt ist. Und darum will ich weiter daran arbeiten, und zwar gleich jetzt!"

Zwanghaftes Grübeln

Inhaltsverzeichnis

9.1 Grübeln als Kräfteverschleiß – 102

9.2 Der Fall Luise – 102

9.3 **Wenn Sie betroffen sind – 104**
9.3.1 Was Ihnen Mut machen soll – 104
9.3.2 Übungen – 104

© Der/die Autor(en), exklusiv lizenziert durch Springer-Verlag GmbH, DE,
ein Teil von Springer Nature 2021
N. Hoffmann, B. Hofmann, *Wenn Zwänge das Leben einengen*,
https://doi.org/10.1007/978-3-662-62267-4_9

9.1 Grübeln als Kräfteverschleiß

Zwangsgrübeleien sind eine Aneinanderreihung von Überlegungen, Vergleichen und Klärungsversuchen, die Sie stundenlang beschäftigen können. Fast immer drehen sie sich um vermeintliche Gefahren oder sind Anzeichen von Skrupeln und Schuldgefühlen. Oft geht es dabei auch um „Kleinigkeiten", die aber für den Betroffenen eine Wichtigkeit haben, die in keiner Relation zur wahren Bedeutung der Angelegenheit steht. Ein Beispiel:

> Habe ich vor zwei Jahren eine Briefmarke gestohlen oder nicht? Ich erinnere mich, einen Brief in der Hand gehalten zu haben und in dem Zimmer gewesen zu sein, wo meine Tante die Briefmarken aufbewahrt, aber ich weiß nicht mehr, wie ich meine Hand hielt, als ich vor dem Schrank stand, und das ist entscheidend. Gerade von dem Augenblick, der zählt, habe ich keine klare Vorstellung. Also noch einmal: Wie war das nun genau …?

Chronischer Kräfteverschleiß

Bei zwanghaften Grübeleien wird so gut wie nie ein Endpunkt erreicht. Es entsteht dabei kein Produkt, auf das man bauen kann, entweder als Basis für weiteres Handeln oder um eine Angelegenheit abzuschließen. Stattdessen fungiert Grübeln als „Herd chronischen Kräfteverschleißes". Statt zu beruhigen, produziert es immer mehr Unruhe und Verwirrung, statt neue Energie zu schaffen, führt es zu Unlust und Müdigkeit bis hin zur Erschöpfung.

Der große französische Kliniker Pierre Janet (1859–1947) überlieferte uns das zwanghafte Grübeln einer seiner Patientinnen, einer „einfachen Frau aus dem Volk", wie er bemerkt. Wir nennen sie Luise.

9.2 Der Fall Luise

Inneres Schwanken

An einem Donnerstagnachmittag nimmt Luise einen Topf, um unten im Lebensmittelgeschäft für einige Pfennige Bouillon einzukaufen. Auf der Treppe kommt ihr der Gedanke, dass sie kurz darüber nachdenken sollte, ob es eventuell schlimme Folgen haben könnte, wenn sie an diesem Tag Bouillon kauft. „Normalerweise nicht", denkt sie, „aber heute ist Donnerstag. Das darf man nicht außer Acht lassen: Was wird die Ladenbesitzerin denken, wenn ich heute Bouillon bei ihr einkaufe? Wenn sie glaubt, dass ich heute Abend eine Suppe damit zubereiten will, wäre das in Ordnung. Aber vielleicht denkt sie ja, dass ich morgen eine Suppe kochen will. Morgen ist Freitag, also ein fleischloser Tag. Sie wird empört sein. Das ist immer

9.2 · Der Fall Luise

so. Ich gebe leider immer ein schlechtes Beispiel. Wenn die Ladenbesitzerin das von mir glaubt, dann bin ich schuld, denn ich habe eine Handlung begangen, die an sich zwar nicht so schlimm ist, aber schrecklich wird durch ihre Bedeutung. Das heißt, dass ich den lieben Gott zum Narren halte. Ich muss also klären, ob die Händlerin glaubt, dass ich meine Bouillon heute esse, oder ob sie denkt, dass ich sie morgen esse. Was soll ich tun? Ich könnte nachdenken, ob ich noch genügend Lebensmittel zu Hause habe, um mir heute eine Suppe zu kochen. Habe ich, als ich die Ladenbesitzerin gestern Morgen gesehen habe, irgendwelche Andeutungen gemacht, dass ich genügend Sachen zu Hause hätte, um mir heute, an diesem Donnerstag, eine Suppe daraus zu kochen? Was genau habe ich ihr gestern gesagt?"

Nun grübelt sie endlos darüber nach, was sie am Tag zuvor zu der Händlerin gesagt hat, aber ihre Erinnerung daran ist nicht klar genug, und sie sagt sich schließlich: „Ich glaube, die Händlerin hat mich gestern böse angeschaut. Wenn das so ist, dann muss ich etwas Ausgefallenes gesagt haben. Nun muss ich klären, ob die Händlerin mich gestern wirklich böse angeschaut hat oder nicht. Und das fällt mir sehr schwer. Mit letzter Genauigkeit kann ich das nicht klären. **Beschäftigung mit der Vergangenheit**

Das Beste wäre, meinen Mann um Rat zu fragen, aber der wird ganz sicher antworten: ‚Du gehst mir auf die Nerven mit deinem Freitag', und das einzige Ergebnis wird sein, dass ich ihm Gelegenheit gegeben habe, schlecht über den lieben Gott zu reden. Was bin ich doch für ein schreckliches, kriminelles Wesen! Wenn Gott mir nur helfen würde, nicht mehr solche Verbrechen zu begehen, dann würde ich ihm alles versprechen, was er will. Aber wenn Gott von mir verlangen würde, dass ich meine kleine Tochter mit dem Küchenmesser erdolche – er hätte das Recht dazu, da es das Kind einer Verbrecherin und damit selbst eine Verbrecherin ist –, wäre es dann nicht besser, weiter schlecht zu sein?" **Ideenflucht**

Man ahnt das Ende der Geschichte. Drei Stunden später kommt der Mann nach Hause und findet seine Frau auf der Treppe, den leeren Topf in der Hand. Sie hat sich nicht entschließen können, weder dazu, ins Geschäft hinunterzugehen, noch dazu, nach Hause zu gehen und etwas anderes zu kochen. **Festsitzen**

In dieser Wiedergabe von Luises Monolog tauchen immer wieder die zentralen Merkmale von Grübeleien auf: **Zentrale Merkmale**
- Inneres Schwanken: Zu Grübeleien neigende Menschen kommen selten zu einer Überzeugung oder zu einer Entscheidung, vielmehr schwanken sie endlos zwischen zwei Alternativen hin und hier.
- Absichern: Man versucht immer weitere Argumente zu finden, um einen Gedanken „sicherer" zu machen.

- Beschäftigung mit der Vergangenheit: Grübeleien werden noch mühsamer, wenn die zwanghaften Gedanken, die der Absicherung dienen, in die Vergangenheit verlagert werden. Es wird dann versucht, minutiös bestimmte Situationen zu rekonstruieren, wie wir bei unserem eingangs erwähnten Beispiel vom Briefmarkenklau gesehen haben. Bewegung um Bewegung wird nachempfunden, um ein möglichst lückenloses Bild des eigenen Verhaltens in der Vergangenheit zu erlangen, das Beruhigung schaffen könnte.
- Ideenflucht: Ganz plötzlich taucht ein neues Thema auf. Das führt dazu, dass das alte aufgegeben wird. An seiner Stelle wird das neue Thema nach allen Regeln der Grübelei behandelt.

9.3 Wenn Sie betroffen sind

9.3.1 Was Ihnen Mut machen soll

Wie oft in Ihrem Leben haben Sie schon die Erfahrung gemacht, dass Sie durch Grübeln so gut wie nie einen Zustand erreichen, in dem Sie ein Gefühl der Sicherheit hinsichtlich eines bestimmten Sachverhaltes erreichen konnten. Warum tun Sie es dann immer wieder? Darauf werden Sie – wie wir vermuten – folgende Antwort geben: „Wenn ich einmal damit angefangen habe, kann ich so schwer damit aufhören. Es geht immer weiter in meinem Kopf. Das Problem bedrängt mich ja weiter. Es geht schließlich um viel, und ich muss ja zu irgendeiner Lösung kommen. Ich fühle mich dann wie aufgedreht und mache weiter, auch, weil ich nichts Besseres weiß."

Vielleicht sind wir in der Lage, Ihnen an dieser Stelle ein wenig weiterzuhelfen. Wir können Ihnen zum einen Hinweise geben, wie Sie es besser schaffen können, Ihr Grübeln zu stoppen, wenn Sie merken, dass es zu nichts führt. Zum anderen werden wir Sie auf einen wichtigen Unterschied hinweisen: den zwischen „Nachdenken" einerseits und „Grübeln" andererseits. Schließlich liefern wir Ihnen ein paar Gedanken zum Thema Gelassenheit.

9.3.2 Übungen

Übung 1: Aus zwanghaften Grübeleien aussteigen

Schritte gegen Grübeleien

Sie haben immer wieder erfahren, wie lästig oder sogar schmerzhaft wiederkehrende Grübeleien über immer dieselben Themen sein können. Sie wollen dadurch Probleme klären und

Sicherheit erlangen, aber das gelingt Ihnen auf diese Art so gut wie nie. Grübeleien sind also Gedanken ohne wirklichen Wert. Aber Sie beklagen sich immer wieder, dass es so schwer sei, sie abzustellen, wenn Sie einmal „drin" sind. Wir können Ihnen eine relativ einfache Vorgehensweise vermitteln, die mit zunehmender Übung immer häufiger zum Erfolg führt.

- **Innerliches und äußerliches „Aufrichten"**

Wenn Sie merken, dass Sie wieder dabei sind, in eine Ihrer sattsam bekannten Grübeleien („Könnte es sein, dass …?", „Wie war das damals genau, als ich …?", „Wie wäre das geworden, wenn …?") zu verfallen, so sollten Sie erst einmal mit Ihrem Körper reagieren und sich „aufraffen". Wenn Sie sitzen oder liegen, dann stehen Sie erst einmal auf. Wenn Sie merken, dass Ihre gesamte Körperhaltung in den letzten Minuten immer schlaffer geworden ist, dann ist es Zeit, eine gesunde Spannung in Ihrem Körper herzustellen. Stellen Sie sich ganz fest auf den Boden, ballen Sie die Fäuste, nehmen Sie eine aufrechte Haltung ein, und heben Sie den Kopf. Geben Sie sich dabei ein ganz deutliches inneres Signal, sagen Sie sich: „Jetzt bin ich dabei, wieder in die alten Grübeleien zu verfallen. Es ist wie ein Sog, aber ich weiß ganz genau, dass dabei nichts herauskommen wird. Schluss damit. Damit werde ich jetzt auf der Stelle aufhören."

- **Neue Konzentration auf die jeweilige Beschäftigung**

Es ist schwer, mit etwas aufzuhören, ohne die Aufmerksamkeit auf etwas anderes zu richten. Wenn die Grübeleien Sie bei der Arbeit oder bei einer anderen Tätigkeit überfallen haben, dann ist der beste Weg, sich wieder voll und ganz auf die unterbrochene Tätigkeit zu konzentrieren. Fragen Sie sich: „Was ist hier als Nächstes zu tun?", und wenden Sie Ihre ganze Aufmerksamkeit wieder der jeweiligen Beschäftigung zu.

- **Körperliche Betätigung**

Wenn Sie nicht gerade mit etwas befasst waren, das weitergeführt werden soll, so gibt es die Möglichkeit, Ihren inneren Widerstand gegen endlose Grübeleien durch körperliche Betätigung zu stärken. Wenn Sie merken, dass der Drang zum Grübeln nicht aufhört, können Sie anfangen, sich ein bisschen zu bewegen. Gehen Sie im Zimmer auf und ab, oder verlassen Sie den Raum, in dem Sie sich gerade befinden. Untersuchungen haben gezeigt, dass schon zehnminütiges rasches Gehen zu einem deutlich erhöhten Gefühl der inneren Spannkraft und mit großer Wahrscheinlichkeit auch zu einem Abreißen vorangegangener Grübeleien führt. Auch Fahrradfahren, verbunden mit der Notwendigkeit, sich auf den Verkehr zu konzentrieren, hilft gut.

- **Ablenkung**

Ein weiteres Mittel, das Sie gegen besonders hartnäckige Grübeleien einsetzen können, ist, sich mental durch eine selbst gestellte Aufgabe davon abzulenken. Wir denken dabei an einfache, kleine geistige Herausforderungen wie: von 100 in Dreierschritten zurückzählen, nach dem ABC eine Liste von Tieren oder Pflanzen aufstellen, sich die Häuser in Ihrem letzten Urlaubsort genau vorstellen usw.

- **Nachts aufstehen**

Wenn Grübeleien, die Sie nicht abstellen können, Sie am Einschlafen oder Durchschlafen hindern, dann sollten Sie erst einmal aufstehen. Zur Ablenkung können Sie sich Fotoalben oder Bilder aus irgendwelchen Büchern ansehen. Sie können auch Musik hören oder fernsehen. Führen Sie nur solche Tätigkeiten aus, die Ihnen nicht zu schwierig vorkommen. Legen Sie sich erst dann wieder ins Bett, wenn Sie nach längerer Zeit der Ablenkung vom Grübeln müde geworden sind.

Die Vorgehensweisen, die wir Ihnen vorschlagen, stellen auch eine Art Gehirntraining dar, das Sie mit der Zeit gegen sinnlose Grübeleien immunisiert. Der Erfolg wächst mit der Dauer der Übungen.

Übung 2: Entscheidungstraining

Sich entscheiden lernen

Die Entscheidungsschwierigkeiten Zwanghafter haben wir schon beschrieben. Nun wollen wir üben, die typischen Schwierigkeiten zu überwinden. Sie sollen lernen,
- Entscheidungsalternativen konkret und auf Ihr Ziel hin zu formulieren,
- sich zu informieren, so gut es geht, aber sich auch damit abzufinden, dass Sie sich nie total absichern können,
- sich für die Alternative zu entscheiden, die Sie Ihrem Ziel am nächsten bringt, auch wenn die Wahl Sie nicht hundertprozentig zufriedenstellt,
- mit Zweifeln und Unsicherheiten umzugehen, die nach der Entscheidung auftreten können.

Legen Sie vor wichtigen Entscheidungen zunächst ein „Entscheidungsprotokoll" an. Wir geben hier beispielhaft das Protokoll eines Patienten wieder (◘ Tab. 9.1). Dabei ging es um einen möglichen Wohnungswechsel.

Zusammenfassung

Fassen wir die einzelnen Schritte des Entscheidungstrainings zusammen:
- Formulieren Sie Ihr Ziel genau und konkret.
- Listen Sie die Wahlmöglichkeiten auf.
- Überlegen Sie, welche relevanten Informationen Sie sich wo holen können.

9.3 · Wenn Sie betroffen sind

Tab. 9.1 Beispiel für ein Entscheidungsprotokoll

Mein Ziel: eine möglichst günstige Wohnsituation

Alternativen: A: Verbleib in der alten Wohnung, B: Anmieten einer neuen Wohnung, die man mir angeboten hat.

Informationen: genaues Anschauen der neuen Wohnung; Kennenlernen der Umgebung (Geschäfte usw.); Begutachtung des Hauses und, falls möglich, der neuen Nachbarn, ausführliches Gespräch mit dem Vermieter; Meinung von Freunden einholen.

Vorteile Alternative A (Verbleib)	Vorteile Alternative B (Wechsel)
Verbleibe in vertrauter Umgebung +++	Günstigere Wohnlage (kurzer Weg zur Arbeit) +
Unmittelbare Kosten- und Arbeitsersparnis +++	Bessere Wohngegend +
Weiter Kontakt zu netter Nachbarin +	Kleinere Wohnung, leichter zu unterhalten +
–	Auf lange Sicht preisgünstiger +
–	Weniger Treppensteigen +

Bilanz: Etwa 60 % spricht für die alte Wohnung, etwa 40 % für die neue.
Entscheidung: Ich bleibe!
Bedenken: Vieles sprach doch für einen Wohnungswechsel, vielleicht auch eine größere Bequemlichkeit und eine schönere Wohnlage (habe ich mich wieder vor etwas Neuem gedrückt?).
Gegenargumente: Ich mag meine alte Wohnung und stehe dazu. Ich kann andere Sachen im Leben ausprobieren, aber meine Wohnung ist mir wichtig. Ich will versuchen, mich an meiner Wohnung zu freuen und sie noch bequemer zu machen. Vielleicht finde ich einmal eine Wohnung, die wesentlich besser ist als die alte.

— Tun Sie es, beenden Sie diesen Schritt aber dann.
— Schreiben Sie die Vorteile jeder Alternative auf.
— Gewichten Sie die einzelnen Vorteile nach der Bedeutung, die sie für Sie haben.
— Ziehen Sie Bilanz, und treffen Sie die Entscheidung, unter Umständen unter einem Zeitdruck, den Sie sich selbst auferlegen.
— Machen Sie sich Bedenken, die Sie nach der Entscheidung haben, bewusst. Sie sind kein Grund, die Entscheidung umzustoßen, sie beweisen lediglich, dass es auf dieser Welt keine perfekten Lösungen gibt.
— Setzen Sie den Bedenken immer wieder die Gründe entgegen, die Sie zu Ihrer Entscheidung bewogen haben.

Übung 3: Zu mehr Gelassenheit finden

Gelassenheit ist die Haltung, die es uns ermöglicht, von den Dingen zu lassen. Wir müssen nicht unbedingt und zu jeder Zeit eingreifen, kontrollieren und steuern. Sie ist aber auch jene Haltung, in der wir von den Dingen gelassen werden. Sie erfüllen uns nicht ständig mit Sorge, erwecken nicht unser Misstrauen und verlangen uns nicht auf Schritt und Tritt Anstrengungen ab.

Gelassenheit als Reife

Gelassenheit hat nichts mit Apathie, Faulheit, Sorglosigkeit oder mangelnder Beteiligung am Lauf der Welt zu tun. Vielmehr drücken sich in ihr Fähigkeiten aus, die von Reife zeugen. Gelassenheit verlangt von uns, geduldig abwarten zu können, ohne übereilt zu handeln. Das setzt ein beträchtliches Maß an Selbstständigkeit und an Widerstandskraft gegenüber möglichen Störungen voraus.

Damit einher geht die Fähigkeit, sich nicht ständig aus der Ruhe bringen zu lassen; Vertrauen in sich selbst und in den Lauf der Welt stehen im Vordergrund, nicht die ständige Angst vor Katastrophen. Im Umgang mit anderen Menschen bedeutet Gelassenheit, dass wir Toleranz, Geduld und Verständnis aufzubringen vermögen.

Gelassenheit beinhaltet auch die Gabe, sich im gegenwärtigen Augenblick anzusiedeln. Weder Grübeln über die Vergangenheit noch Sorge um die Zukunft beherrschen den gelassenen Menschen. Schließlich sind auch Momente der Entspannung und der spielerischen Improvisation möglich: Nicht alles ist bitter ernst oder durchgeplant und organisiert.

Um Gelassenheit mit Zwanghaftigkeit zu vergleichen, verdeutlichen wir uns zum Schluss die verschiedenen Lebensphilosophien, die sich aus den beiden Haltungen ergeben (◘ Tab. 9.2).

9.3 · Wenn Sie betroffen sind

Tab. 9.2 Zwei Lebensphilosophien, zwei Arten von Aussagen

Gelassene Menschen denken:	Zwanghafte Menschen denken:
Die Welt beinhaltet Gutes und Schlechtes.	Die Welt ist voller Gefahren.
Manchmal geschieht das Gute von selbst.	Das Leben gibt nichts umsonst her, man muss sich alles verdienen.
Es gibt einen natürlichen Lauf der Dinge, in den man nicht ständig eingreifen soll. Oft erledigen sich Probleme von selbst.	Man muss dem Leben gewachsen sein und ständig Gefahren abwehren. Kontrolle über sich selbst und über die Dinge ist alles.
Wie man eine Sache empfindet, hängt sehr von der eigenen Bewertung ab. Diese kann sich im Laufe der Zeit verändern.	Es gibt eine absolute Wahrheit, nach der man sich richten muss. Eine Sache ist eindeutig gut oder schlecht.
Ohne ein gewisses Maß an Vertrauen in sich und die Welt ist Leben kaum möglich. Man kann Dinge, auch neue, ruhig auf sich zukommen lassen.	Nur bei äußerster Anstrengung und hundertprozentiger Absicherung hat man eine Chance. Das Bewährte ist das Verlässlichste.

Zwanghaft-skrupelhaftes Gewissen

Inhaltsverzeichnis

10.1 **Funktionen des Gewissens** – 112

10.2 **Der Fall Wilhelm** – 113

10.3 **Wenn Sie betroffen sind** – 115
10.3.1 Was Ihnen Mut machen soll – 115
10.3.2 Übungen – 117

© Der/die Autor(en), exklusiv lizenziert durch Springer-Verlag GmbH, DE, ein Teil von Springer Nature 2021
N. Hoffmann, B. Hofmann, *Wenn Zwänge das Leben einengen*,
https://doi.org/10.1007/978-3-662-62267-4_10

10.1 Funktionen des Gewissens

Gewissen als Warnsignal

Das Gewissen ist ein unverzichtbarer Teil des Menschen. Es erlaubt ihm, die eigenen Gedanken und Taten auf dem Hintergrund von Normen, Geboten und Verboten zu bewerten, die er im Laufe seines Lebens verinnerlicht hat. Schon in der Kindheit wird unter dem Einfluss von Leitfiguren wie den Eltern und anderen Respektspersonen der Grundstein für die inneren Regeln gelegt, die den späteren Erwachsenen führen werden. Sie stellen eine wichtige Voraussetzung dar für sein Zusammenleben mit anderen Menschen.

Das Gewissen gibt Ihnen dafür eine Reihe von Signalen, an denen Sie sich orientieren können. Es sendet Warnsignale aus, die sagen: Pass auf, hier besteht die Gefahr, dass du dich falsch verhältst und eine wichtige Regel missachtest. Wenn Sie dann doch dagegen verstoßen haben, bestraft es Sie mit Schuldgefühlen. In Gegenwart von anderen tritt auch oft ein Gefühl der Scham auf. Sie würden am liebsten unsichtbar werden und im Erdboden versinken. Vor allem können Sie anderen in einem solchen Augenblick nur schwer in die Augen sehen.

Funktionen des Gewissens

Wenn dann das Gefühl der Reue einsetzt, bedauern Sie ausdrücklich, dass Sie einen Fehler begangen haben. Sie würden ihn am liebsten ungeschehen machen, weil Ihnen bewusst ist, dass Sie gegen einen wichtigen Teil Ihrer eigenen Person gehandelt und sich selbst verraten haben. Selbstvorwürfe treten auf, und Sie sind nicht mehr eins mit sich. Um wieder mit sich selbst und den anderen ins Reine zu kommen, gibt es vor allem zwei Möglichkeiten: Die eine ist die Wiedergutmachung. Sie beichten Ihre Verfehlung, bitten um Vergebung und versuchen, den Schaden, den Sie angerichtet haben, so gut es geht zu reparieren. Die andere ist die Buße. Sie bestrafen sich selbst dadurch, dass Sie sich einen kleinen Schaden zufügen, z. B. in Form einer mühsamen Aktivität wie einer Pilgerreise. Sie können aber auch als Buße auf etwas verzichten, das Ihnen lieb und teuer ist. Vor allem fassen Sie den guten Vorsatz, in Zukunft wachsamer zu sein und sich genau an die Regeln zu halten.

Zwei mögliche Fehlfunktionen

In all seinen Funktionen kann Sie Ihr Gewissen in zwei Richtungen in die Irre führen und damit selbst zum Problem werden: In dem einen Fall arbeitet es zu lasch, zu „vergröbert". Es lässt Ihnen fast alles durchgehen. Sie finden immer einen guten Grund, warum Sie sich im Endeffekt doch richtig verhalten haben: „Die anderen waren schuld", „Ich musste mich doch bloß wehren" oder: „Das war doch gar nicht so schlimm, das hätte doch jeder an meiner Stelle getan." In einem solchen Fall sinken Ihre moralischen Skrupel gegen null, Sie tragen ständig eine weiße Weste und kommen sich auch noch gut dabei vor. Ich denke, das ist nicht Ihre Art, durchs Leben zu gehen.

Im anderen Falle haben wir es mit einem Gewissen zu tun, das in der entgegengesetzten Richtung „übertreibt". Es funktioniert überpenibel, übergenau, lässt Ihnen fast nichts durchgehen, weil es alles, was Sie tun, nach den strengsten Maßstäben bewertet und verurteilt. Es durchforstet ständig Ihre Gedanken und Taten nach den Anzeichen der geringsten Verfehlung, ja es wühlt unter Umständen sogar in der Vergangenheit und sucht nach Anlässen, um Sie zu überführen. Sie laufen dann mit dem ständigen Gefühl herum, dass etwas nicht stimmt mit Ihnen. Ständig quälen Sie Schuldgefühle, und Sie stellen sich die schlimmsten Katastrophen vor, die Sie – als wohlverdiente Strafe – ereilen werden. In einem solchen Fall sprechen wir von einem zwanghaft-skrupelhaften Gewissen, das zu einer beträchtlichen inneren Not führen kann. Sehen wir uns ein Beispiel an.

10.2 Der Fall Wilhelm

Wilhelm ist 48 Jahre alt und leitet eine große Bankfiliale. Er ist seit 27 Jahren mit einer fünf Jahre älteren Frau verheiratet und hat einen Sohn, der nicht mehr zu Hause lebt. Er wurde streng religiös erzogen und hat seine christliche Orientierung bis heute beibehalten. Er schildert sich selbst als sehr gewissenhaft und genau. Diese Einschätzung wird von der Ehefrau geteilt; sie macht sich manchmal über seine Marotten lustig. Sehen wir uns zwei davon an.

■ **Speiseplan**

Wilhelm zählt jede Kalorie, die er zu sich nimmt, und registriert sie lückenlos in langen Listen. Am Ende einer Woche zieht er Bilanz und zählt alle Kalorien zusammen. Er vergleicht sein Ergebnis mit einer Statistik, die angeblich angibt, wie viele Kalorien einem mittelgroßen, geistig arbeitenden Mitteleuropäer pro Tag zustehen. Wilhelm möchte diesen Wert auf keinen Fall überschreiten. Wenn das doch einmal geschehen ist, fühlt er sich schmerzhaft mitschuldig am „Hunger in der Welt". Je nach dem Ausmaß seiner Überschreitung erlegt er sich für die nächste Woche eine Buße auf. Sie besteht in der Regel darin, dass er sich das Doppelte der Überschreitung vom Mund absparen muss. Das hat zur Folge, dass er fast bei jedem Bissen überlegt, ob er ihm zusteht oder ob er zu einer weiteren Überziehung führen wird. An karitative Organisationen zu spenden, die sich um Hungernde kümmern, lehnt er ab. Solche Spenden geraten ihm zufolge fast immer in die „falschen Kanäle". „Dadurch würde ich es riskieren, andere zu

Sinnlose Selbstkasteiung

Absichern um jeden Preis

Dieben zu machen. Das kann ich nicht verantworten." Die Ehefrau will sich seinen Regeln nicht anschließen. Das hat ihn sehr enttäuscht.

- **Personalpolitik**

In seiner Funktion als Leiter der Bank handelt Wilhelm kompetent und konsequent, wenn es darum geht, seine Untergebenen dazu anzuhalten, mit dem nötigen Ernst ihre Pflichten zu erfüllen. Doch er ist dabei immer bemüht, äußerst gerecht zu sein und nur so weit einzugreifen, wie seine Leitungsfunktion ihn dazu verpflichtet. Wenn er mit Mitarbeitern redet, dann legt er großen Wert darauf, die richtigen Worte zu finden und den richtigen Ton zu treffen. Das ist besonders dann der Fall, wenn er Anordnungen gibt, und noch mehr in den seltenen Fällen, in denen er jemanden kritisieren muss. Das ist vor allem so, seit eine Mitarbeiterin ihm vor Jahren einmal vorwarf, sie habe nach dem Gespräch mit ihm den ganzen Abend Kopfschmerzen gehabt. Er war damals total entsetzt und entschuldigte sich zehnmal. Seitdem lässt ihn der Gedanke nicht los, er könne durch Unachtsamkeit und menschliches Versagen andere, für die er Verantwortung übernommen hat, ins Unglück stürzen. Er überlegt lange, wie er sich ausdrücken soll, und sagt immer nur das Nötigste.

Auch nach Dienstschluss hört sein Gewissen nicht auf, ihm zuzusetzen. Er verbringt viel Zeit damit, Gespräche, die am Tag stattgefunden haben, zu rekapitulieren. Er versucht sie Wort für Wort zu rekonstruieren und ist dabei bemüht, seinen Tonfall „nachzuhören" und sich die Reaktionen seiner Gesprächspartner vorzustellen. Ziel dabei ist, Sicherheit darüber zu erlangen, dass das Gespräch „in Ordnung" war.

Manchmal kommt er zu keinem Ergebnis. Dann fängt er an, sich Katastrophen auszumalen, wie seelische oder körperliche Zusammenbrüche, an denen er durch sein ungebührliches Verhalten schuld ist. Um das zu unterbrechen, muss die Ehefrau einspringen. Er schildert ihr akribisch die Situation, dann spricht er ihr vor, was er gesagt hat, und zwar so, wie er es gesagt zu haben glaubt – zur Sicherheit mehrmals hintereinander. Dann wird ihre Meinung ausführlich exploriert. Eine kurze positive Stellungnahme ihrerseits reicht nicht aus. Das muss sie ihm schon genauer begründen, am besten mehrmals hintereinander. Danach muss sie ihm die Absolution für das jeweilige Gespräch erteilen, am besten auch mehrmals hintereinander. Nur so hat er eine Chance, dass sein Gewissen sich später in der Nacht wirklich als „sanftes Ruhekissen" erweist.

- **Der tiefe Fall**

Vor genau sechs Monaten ist jedoch eine ehemalige Schulfreundin, die er seit 30 Jahren nicht mehr gesehen hatte, aufgetaucht und hat sein ganzes Leben in Unordnung gebracht. Er konnte sich dem Einfluss dieser Frau nicht entziehen, obwohl er sich sehr dagegen gesträubt hatte. Aus einer Stimmung der Verliebtheit heraus ist es dann nach wenigen Wochen zu einer intimen Beziehung gekommen. Dies hat bei ihm zunächst massive Schuldgefühle, dann eine depressive Reaktion mit Suizidgedanken ausgelöst. Es ging ihm auch dann nicht besser, als er jeglichen Kontakt zu der Frau abgebrochen und seiner Frau den Fehler gestanden hatte.

Ein Seitensprung

10.3 Wenn Sie betroffen sind

10.3.1 Was Ihnen Mut machen soll

Menschen mit einem zwanghaft-skrupelhaften Gewissen wissen meist, dass sie an einigen Stellen „übers Ziel hinausschießen". Sie behandeln sich selbst mit einer Strenge, die sie niemand anderem gegenüber an den Tag legen würden. Sie fühlen sich manchmal doch stark eingeengt von der Unerbittlichkeit der Regeln, nach denen sie sich richten müssen. Manchmal taucht ein Gefühl der Unsicherheit auf, ob das alles so richtig ist. Bei dieser Frage sollten Sie einmal verweilen.

Weniger ist mehr

Macht es im Endeffekt einen besseren Menschen aus Ihnen, wenn Sie dauernd auf der Jagd nach möglichen eigenen Verfehlungen sind und glauben, sich deshalb ständig überwachen zu müssen? Macht es Sie zu einem besseren Menschen, wenn Sie die halbe Zeit mit einem schlechten Gewissen herumlaufen, oft für etwas, das Ihnen dann doch auf den zweiten Blick nicht so schlimm vorkommt? Wäre es nicht für Ihr Gesamtlebensgefühl besser, wenn Sie etwas verständnisvoller und freundschaftlicher mit sich selbst umgehen könnten?

Das ist möglich, und wir garantieren Ihnen dabei Folgendes: Wenn Sie anfangen, einige Ihrer unerbittlichen und unflexiblen moralischen Regeln einer Überprüfung zu unterziehen, dann öffnet das nicht (wie Sie vielleicht befürchten) „alle Schleusen" und lässt Ihre ganze Moral den Bach hinuntergehen. Im Gegenteil: Ihr Gewissen wird in der Lage sein, viel verlässlicher wirklich Schlechtes von Gutem zu unterscheiden. Sie werden nicht mehr in moralischer Hinsicht aus jeder Mücke einen Elefanten machen. Im Gegenteil: Sie werden sich als flexibler und besser für das Leben gerüstet erleben.

Sehen wir uns als Beispiel dafür einen Auszug aus der Therapie von Wilhelm an.

- **Lebensnormen flexibler gestalten**

In einem ersten Schritt wurde Wilhelm gebeten, seine wichtigsten Lebensregeln, die seinen Seitensprung betreffen, zu formulieren und schriftlich festzuhalten. Er fertigte eine Liste seiner Gedanken an, die er mit „Verstöße gegen die Moral" überschrieb:

Bisherige Regeln offenlegen

1. Da ich mich zum Christentum bekenne, muss ich die Gebote der Christen einhalten. Dazu gehört: „Du darfst nicht ehebrechen." Ehebruch ist eine schwere Sünde, die nicht vergeben wird.
2. Sünden und Fehler werden von Gott bestraft. Auch mich wird die gerechte Strafe treffen.
3. Bei der Trauung legt man vor Gott ein Gelübde ab, das man nie brechen darf.
4. Der Ehefrau gibt man bei der Trauung ein Versprechen, nämlich das der Treue. Es ist bedingungslos einzuhalten.
5. Ich war meinem Kind bislang ein Vorbild. Durch mein Handeln habe ich die Vorbildrolle endgültig zerstört.
6. Danach bekam der Patient die Aufgabe, jeden der Sätze auf folgende Fragen hin zu überprüfen:

Regeln differenzieren

— Gibt es gegenteilige Aussagen, denen ich auch Glauben schenken kann?
— Lässt die Regel irgendwelche Ausnahmen zu?
— Gibt es spezielle Umstände, die berücksichtigt werden müssen?
— Welche Konsequenzen hat es für mich, wenn ich die Regel in dieser starren Form aufrechterhalte?

Als Konsequenz dieser Überlegungen veränderte der Patient seine Regeln in der folgenden Weise:

Ergebnis der Differenzierung

1. In der Bibel steht „Du darfst nicht ehebrechen", aber Jesus sagt auch in der Geschichte von der Ehebrecherin: „Wer ohne Fehl ist, der werfe den ersten Stein." Ich kann hoffen, dass Gott auch mir vergibt.
2. Wenn ich meine Fehler wiedergutmache, habe ich keine strenge Strafe zu erwarten.
3. Menschen sind meistens nicht in der Lage, alle Gelübde einzuhalten, weil sie mit Fehlern behaftet sind. Triebe können stärker sein als der Vorsatz, außerdem gibt es bestimmte Situationen, in denen die Kontrolle eingeschränkt ist, z. B. erotische Situationen.
4. Einmalige Untreue macht noch keinen schlechten Menschen aus mir. In der Vergangenheit konnte sich meine Frau immer auf mich verlassen. Ich kann durch mein Ver-

halten in der Zukunft beweisen, dass es ein „Ausrutscher" war.
5. Es ist nicht sicher, ob es mein Sohn überhaupt erfährt. Sollte es ihm bekannt werden, könnte ich ihm klarmachen, dass ein Mensch Schwächen und Fehler hat und eben nicht in allem Vorbild sein kann.

Als Ergebnis dieser Veränderung seiner Lebensregeln ließen die Schuldgefühle und damit einhergehend die depressive Verstimmung deutlich nach. Der Patient war darüber hinaus dankbar dafür, dass es ihm gelungen war, ein weniger hartes und einseitiges Gottesbild zu erlangen.

10.3.2 Übungen

■ Übung 1: Lebensregeln offenlegen und differenzieren

Diese Vorgehensweise lässt sich auch sehr gut im Rahmen der Selbsthilfe anwenden. Die wichtigsten Schritte werden noch einmal zusammengefasst:
— Machen Sie sich Ihre wichtigsten Lebensregeln bewusst, und halten Sie sie schriftlich fest.
— Bearbeiten Sie die Regeln nach den oben genannten Kriterien.
— Halten Sie die Ergebnisse fest, die Ihnen dann im täglichen Leben als neue Richtlinien dienen sollten.

Vorgehensweise bei Selbsthilfe

■ Übung 2: Einsicht in den Schweregrad von Regelüberschreitungen gewinnen

Sie wissen, dass Sie zu den Menschen gehören, die eher dazu neigen, den Schweregrad und die Tragweite ihrer Taten im Negativen zu übertreiben. Versuchen Sie sich ein realistischeres Urteil anzugewöhnen. Wenn Sie sich Vorwürfe machen und sich schuldig fühlen, dann lassen Sie sich nicht „hineinfallen", sondern analysieren Sie erst einmal die auslösende Situation. Sie können dabei folgendermaßen vorgehen:
— Um welche Situationen geht es, was war wirklich?
— Was haben Sie getan (bzw. nicht getan)?
— Waren andere Menschen daran beteiligt? In welcher Form?
— Wie gravierend schätzen Sie das, was geschehen ist, ein?
— Gibt es eine Begründung für Ihr Verhalten? Was hat Ihr Verhalten wirklich bewirkt?
— Stellen sich außer Schuldgefühlen andere Gefühle bei Ihnen ein?
— Treffen Sie Ihr abschließendes (zweites) Urteil.

Rationale Situationsanalyse

Wie sollten Sie jetzt mit der Situation umgehen?
— Können Sie etwas tun, jemanden informieren, etwas wiedergutmachen?
— Auch wenn Sie etwas falsch gemacht haben, können Sie trotzdem zu sich stehen und sich vergeben.
— Können Sie für die Zukunft irgendwelche Vorsätze fassen?
— Wie können Sie sich in Zukunft besser gegen vorschnelle übertriebene Schuldgefühle wappnen?

Ein solches genaueres Hinsehen wird mit der Zeit eine realistischere Sichtweise fördern und Sie vor manchen „Gewissensexzessen" schützen.

▪ Übung 3: Das Augenmerk auf die positiven Seiten richten

Festhalten guter Taten

Sie sind jemand, der eher auf seine problematischen Seiten achtet und dabei oft seine guten Seiten bagatellisiert oder sogar übersieht: „Das war doch selbstverständlich", „Das hätte doch jeder getan" usw. Wenden Sie sich, als Gegengewicht gegen Ihr überpenibles Gewissen, auch einmal Ihren „guten Taten" zu. Fragen Sie sich ein paar Tage hintereinander immer wieder: „Was habe ich heute Anständiges, Gutes und Sinnvolles für mich und für andere gemacht?", und notieren Sie es kurz auf einer Liste, die Sie sich immer wieder einmal ansehen. Wiederholen Sie diese Übung von Zeit zu Zeit. Es wird Ihnen helfen, ausgewogener mit sich selbst umzugehen.

Magisches Denken und Handeln

Inhaltsverzeichnis

11.1 Ursachenverkettung versus magisches Denken – 120

11.2 Der Fall Lambert – 121

11.3 Die Funktion des magischen Denkens und Handelns – 123

11.4 Wenn Sie betroffen sind – 124
11.4.1 Was Ihnen Mut machen soll – 124
11.4.2 Übungen – 126

© Der/die Autor(en), exklusiv lizenziert durch Springer-Verlag GmbH, DE, ein Teil von Springer Nature 2021
N. Hoffmann, B. Hofmann, *Wenn Zwänge das Leben einengen*,
https://doi.org/10.1007/978-3-662-62267-4_11

11.1 Ursachenverkettung versus magisches Denken

Gedanken verändern die Welt

Manche Zwangskranke glauben daran, dass bestimmte Gedanken, die sie haben, oder bestimmte Handlungen, die sie ausführen, einen direkten unheilvollen Einfluss auf Menschen oder Dinge haben können. Wir sprechen in einem solchen Fall von magischem Denken oder Handeln.

Ein Beispiel: Eine Sekretärin vermeidet es, Buchstaben aus den Vornamen der Eltern und des Freundes an das Ende einer Zeile zu setzen, weil das auch das „Ende" für diese Menschen bedeuten könnte. Man kann sich vorstellen, um den Preis welcher (geheim zu haltender) Verrenkungen ihr das gelang und wie viel Energie sie das im Alltag kostete.

Ein anderes Beispiel: Ein Schauspieler befürchtet, dass jede Bewegung „nach unten", die er ausführt (auch auf der Bühne), dazu führt, dass einer lieben Person ein Unglück widerfährt. In seinem magischen Denksystem steht „nach unten" für „Richtung Erde, also Richtung Grab". Da Bewegungen wie sich hinzusetzen oder die Arme zu senken schlechterdings nicht immer zu vermeiden sind, muss er deren Wirkung „annullieren". Das geschieht dadurch, dass er gleich im Anschluss an die Bewegung einen „positiven Gedanken" fasst, wie: „Ich liebe meine Freundin." Oder: „Ich will ein guter Mensch sein." Oft zweifelt er daran, ob der Gedanke „gut genug" war oder rechtzeitig erfolgt ist, und dann wiederholt er den magischen Gegenzauber zwei- bis dreimal.

Eine weitere Eigenart magischen Denkens besteht darin, dass bestimmte Dinge wie Kreuze, „schlechte" Zahlen oder „belastete" Orte (wie eine Straße, in der neulich jemand gestorben ist) zu Symbolen für Unglück werden, das einem selbst oder anderen zustoßen kann. Damit das Unglück eintritt, reicht es, mit diesen Dingen in Kontakt gekommen zu sein. Doch „glücklicherweise" liefert das Zwangssystem gleichzeitig jeweils einen Gegenzauber, der die vermeintliche negative Wirkung kurzfristig annullieren kann.

Ein Beispiel: Eine Patientin, die vom Straßenrand aus gesehen hatte, wie ein großes schwarzes Auto (Leichenwagen!) von links nach rechts fuhr, musste warten, bis fünf rote Autos (Rot stand für Leben) in die entgegengesetzte Richtung gefahren waren. Erst dann konnte sie die Straße („gefahrlos" für die Mutter) überqueren.

Das Entscheidende am magischen Denken ist, dass die Sekretärin z. B. sich keinerlei Gedanken darüber macht, *auf welchem Weg* ein A am Ende einer Zeile eines Schriftstücks dazu führen könnte, dass ihrem Freund ein Unfall passiert oder dass er durch eine Prüfung fällt.

Zwei Denksysteme

In unserem täglichen Denken gehen wir von physikalischen Ursachenverkettungen aus, z. B.: Ich war gestern wieder lange in der Kneipe, habe es (leider) meiner Freundin gesagt, und die macht mir nun Vorwürfe. Ich ärgere mich sehr über sie, gehe voller Wut auf den Balkon, um Luft zu schnappen, gestikuliere in meinem Ärger herum und stoße dabei einen Blumentopf um, der unten auf ein Auto fällt. So etwas kann passieren. Das Ergebnis (zerbeultes Autodach) steht am Ende einer physikalischen Ursachenkette, die mühelos nachvollzogen werden kann. Keine Magie weit und breit.

Beim magischen Denken wird nicht entlang einer solchen Ursachenverkettung gedacht, sondern das Erleben ist ein ganz anderes. Das bedeutet: Menschen verfügen offenbar über zwei Systeme, die erklären, wie bestimmte Dinge zustande kommen können. Das eine regiert unser alltägliches Denken, aber auch Wissenschaften wie Physik usw. Im zweiten Denksystem hingegen geht es um die magische Fernwirkung von Gedanken und Handlungen, um die negativen Botschaften, die von bestimmten Objekten oder Symbolen ausgehen können. Dieses Denksystem liegt auch an der Basis des sehr verbreiteten Aberglaubens (schwarze Katzen bringen Unglück; Freitag der 13. ist ein Unglückstag usw.). Es ist tief verwurzelt in der Menschheitsgeschichte, spielt eine große Rolle in der Kindheit und kann bei bestimmten Zwangserkrankungen richtiggehend ausarten und dabei jede Harmlosigkeit verlieren. Wir schildern Ihnen nun einen Menschen, der stark davon betroffen ist.

11.2 Der Fall Lambert

■ **Lambert kennt keine Zufälle**

Erwartung des Bösen

Lambert sitzt, milde gestimmt und etwas müde vom Tag, vor dem Radio, als sein Blick die Uhr streift: Es ist 20:20 Uhr. Gerade jetzt berichtet der Moderator von einer Überschwemmung. Oh Gott, eine Katastrophe! Es wird etwas Schlimmes passieren, Tod und Verderben! Warum sonst die doppelte Zahl 20 Uhr 20 Uhr? Sie steht natürlich für Katastrophen, und jetzt die Überschwemmung. Das bedeutet nichts Gutes! Das Adrenalin schießt ihm in den Kopf, erschrocken stiert er auf die Uhr, dann auf das Radio. Oh weh, oh weh. Am liebsten würde er seine ganze Angst herausschreien, aber er lässt das. Sein Sohn spielt ahnungslos in einer Ecke, doch bald wird etwas passieren. Lambert spannt sich an, wird unruhig und fängt an zu schwitzen. Das sonst so vertraute Geschirrklappern seiner Frau wirkt plötzlich so weit weg, fast fremd. Lambert ist überzeugt: Es wird etwas Böses, Unerwartetes über ihn und die Seinen hereinbrechen. Es ist ein Zeichen: doppelte Zahlen. Gleichzeitig mit

Drama beim Italiener

der Überschwemmung im Radio. Außerdem hat er heute keine guten Kleidungsstücke an. Er trägt noch die „Klamotten für draußen" und nicht seine reinen „Glücksklamotten für drinnen" … Doch auch dieser Tag vergeht. Die Familie lebt noch.

Am andern Tag geht es gleich wieder los; die Rechnung beim Italiener: 21 Euro, 8 Cent – 8! Wie zwei Witwenringe. Warum musste seine Frau auch noch ein Glas Wasser bestellen. Ohne dieses Wasser hätte die Rechnung anders ausgesehen. Immer muss sie Ärger machen, fordert das Schicksal heraus. Schweiß perlt ihm von der Stirn, der Atem geht heftiger. Er sitzt verkrampft und starr auf seinem Stuhl. Er fühlt sich so klein und so elend. Alles um ihn herum ist so groß, so übermächtig und so gefährlich. Was steht ihm noch bevor? Die Frau sagt irgendetwas. Irgendwann rüttelt ihn der Sohn am Arm: „Papa, gehen wir nach Hause." Nach Hause? Wie viele von ihnen dreien werden dort lebendig ankommen? 21! 2 und 1 ist 3, dann die 8, der Witwenring!

- **Lambert geht in Rente**

Lambert will seine wohlverdiente Rente auf dem Land genießen. Aber wo? Süddeutschland und alle katholisch geprägten Gegenden kommen nicht in Frage: Zu viele Kreuze, er hätte keine ruhige Minute mehr. Niedersachsen, Nordrhein-Westfalen und Sachsen-Anhalt scheiden aus wegen „Nieder", „fahl" und „Halt" – Wörter, die nichts Gutes verheißen: Sie erinnern zu sehr an „ein bestimmtes Ereignis, über das wir uns besser nicht auslassen" (eine seiner zahllosen Umschreibungen für den Tod, ein Wort, das er nie aussprechen würde. Eine weitere ist: „am Tag, als mein alter Herr das Haus verließ, obwohl er draußen nichts zu suchen hatte, wenn Sie verstehen, was ich meine"). Sachsen scheidet ebenfalls aus: Sack-sen, ein Sack voll Asche. Thüringen scheidet aus: Tür wie die Tür „am Tag, als mein alter Herr zur Tür hinausging". Das Saarland scheidet aus (zwei A, was hatte das zu bedeuten?).

Ein Makler unterbreitet ihm schließlich ein Angebot in Klarow, Brandenburg. Der Name scheint erst einmal einwandfrei. Das „Klar" klingt sogar gar nicht schlecht. Lambert will gerade nach Klarow aufbrechen, um sich das Haus anzusehen, da läutet das Telefon. Lambert hebt nicht mehr ab, seit vor fünf Jahren ein Anrufer unvermittelt gefragt hatte: „Bin ich mit Grieneisen verbunden?" (Grieneisen heißt ein Berliner Bestattungsunternehmen). Seine Frau ist bei der Arbeit. Der Anrufer lässt es elfmal läuten. Zählt man Lambert und seine bessere Hälfte dazu, ergibt das 13: Die Reise steht unter keinem guten Stern. Er fährt dennoch, und zuerst verläuft alles ziemlich problemlos. Der Ort erscheint ihm sogar auf den ersten Blick sympathisch. Lambert weiß auch, dass Klarow keinen eigenen Friedhof hat. Er schaut auf das Ortsschild und ist ganz guter Dinge. Schon will er zu dem Haus gehen, in dem er mit dem Makler verabredet ist, da zuckt er plötzlich zusammen, dreht sich um, starrt entsetzt auf das Ortsschild und fängt an zu buchstabieren: K-L-A-R-O-W, O, W, O, W – o weh. Er sieht im Geist tausend Klageweiber – an seinem Sarg und an dem der besseren Hälfte – und ergreift die Flucht, wie fast immer, wenn Lambert wirklich etwas tun sollte. Der alte Herr und die 13 haben wieder einmal gesiegt.

11.3 Die Funktion des magischen Denkens und Handelns

Ein Mensch wie Lambert verfügt, wie schon erläutert, über zwei Informationssysteme, nach denen er sich richten und die er mühsam unter einen Hut bringen muss. Wir sehen das deutlich an seinen Bemühungen, seinen Altersruhesitz auszuwählen. Da sind einmal seine ganz natürlichen Bedürfnisse und Vorlieben. Bayern würde ihn und vor allem seine Frau schon reizen. Die Berge, die Seen, die Blumen an den Fenstern …, aber er weiß aus Erfahrung: Dort steht mindestens an jeder Ecke ein Kreuz, und das wäre für ihn wie ein Spießrutenlaufen. Er wäre den ganzen Tag damit beschäftigt, sich voller Bange den Kopf darüber zu zerbrechen, welche Katastrophe durch das Ansehen jedes einzelnen Kreuzes heraufbeschworen würde. Also ausgeschlossen! Wie soll er aber seiner Frau gegenüber begründen, dass Bayern für beide nicht infrage kommt? Er wird schon eine Ausrede finden. Und so geht es weiter. Sein Universum voller Todes-, Unglücks- und Katastrophensymbole ist so umfangreich, dass sich so gut wie alle Gegenden und Orte der Republik mit irgendeinem davon verbinden lassen. Was nun? Irgendwann muss er sich doch für etwas entscheiden. Das wird ihm schon gelingen. Zwanghafte Menschen schließen immer Kompromisse mit ihren Zwängen. Doch was für ein Aufstand vorher!

Wir müssen uns an dieser Stelle fragen, wozu ein solches magisches Informationssystem gut sein soll. Ursprünglich liegt seine Funktion darin, den Betroffenen ein Gefühl der Kontrolle über die Unwägbarkeiten des Lebens zu verschaffen. In der Menschheitsgeschichte wie in der Kindheit finden wir magisches Denken immer dort stark ausgeprägt, wo die Gefahren und die Unsicherheiten des Lebens einen breiten Raum einnehmen.

Zweites Absicherungssystem

Nehmen wir ein Beispiel aus der Kinderwelt. Wenn Ihr Kind eine gute Klassenarbeit in Mathe schreiben will (weil es ehrgeizig ist oder Angst vor Strafe hat), dann weiß es, dass es vorher lernen und üben muss. Es hat durch Erfahrung gelernt, dass es dadurch in Mathe besser wird. Das ist der ganz normale Weg über eine rational nachvollziehbare Ursachenkette. Dennoch kann es sein, dass Ihr Kind am Tag der Prüfung auf dem Weg zur Schule ein mulmiges Gefühl hat. Es fragt sich z. B.: „Habe ich auch genug gelernt? Werde ich nicht zu aufgeregt sein?" An dieser Stelle kann der Gedanke auftauchen, zur Sicherheit noch folgenden Pakt zu schließen: „Ich will versuchen, auf meinem Weg auf keine Pflasterritze und auf keinen Gullydeckel zu treten. Wenn mir das gelingt, dann kann bei meiner Prüfung nichts schiefgehen." Neben die „normale" Sicherheit („Ich kann etwas, weil ich gelernt habe") tritt eine zweite Chance („Ich sichere mich noch einmal dadurch ab, dass ich mich an mein Versprechen, nicht auf Ritzen zu treten, gehalten habe, das verbessert noch einmal meine Chancen"). Hier können wir beobachten, wie, meist infolge von Angst und Unsicherheit, ein zweites Prinzip (das magische) in einem Leben auftaucht und sich neben dem alltäglichen Kausalitätsverständnis festsetzt.

Wenn dieses Denken eine große Rolle spielt, dann gibt es neben den normalen Aufgaben des Lebens auch noch „Spezialaufgaben", durch die die Betroffenen versuchen, ihr Schicksal zu steuern oder die Kontrolle darüber zu verbessern.

In der Kindheit sind solche magischen Praktiken ganz normal und unproblematisch. Bei Erwachsenen sind sie gelegentlich noch anzutreffen – als harmlose Formen des Aberglaubens, die aber (zumindest in der europäischen Kultur) nicht im Zentrum des Bewusstseins stehen. Bei Zwangskranken finden wir viele Gedanken und Handlungen, die typischen abergläubischen Vorstellungen ähneln, aber einen viel größeren Stellenwert haben und das Leben in einem viel größeren Ausmaß beeinflussen können. Die entsprechenden Rituale werden ausschließlich durchgeführt, um befürchtete schreckliche Folgen zu vermeiden.

Quasi-Unwiderlegbarkeit durch Unschärfe

Ein solches tyrannisches System gewinnt seine Stabilität dadurch, dass es durch reale Gegebenheiten kaum zu widerlegen ist. Das liegt an der Art, in der es gefasst ist. In der Regel werden keine vorher klar definierten Ereignisse, sondern „unheilvolle Einflüsse" oder irgendwelche „Katastrophen" befürchtet. Darüber hinaus ist meist der Zeitpunkt ihres möglichen Eintreffens weitgehend offen.

11.4 Wenn Sie betroffen sind

11.4.1 Was Ihnen Mut machen soll

Lambert übte, wie viele seiner Leidensgenossen, viele Jahre mit gutem Erfolg seinen Beruf aus, unternahm Reisen, pflegte sein Hobby (Geschichte des Wilden Westens) und war bei

11.4 Wenn Sie betroffen sind

Arbeitskollegen und Nachbarn ein gern gesehener Zeitgenosse. In den meisten Bereichen ihres Lebens sind solche Menschen in der Lage, sich mit rational begründbaren Mitteln durchzusetzen.

Wunde Punkte

Doch in seiner Lebensgeschichte gab es auch Momente, deren Folgen sich später als „wunde Punkte" erwiesen. So hatte Lambert eine sehr ängstliche Mutter, die laufend über Krankheiten sprach und ihn aus lauter Sorge „in Watte packte". Dies wurde noch begünstigt durch die Tatsache, dass eine Reihe von Kinderkrankheiten bei ihm einen schweren Verlauf nahmen. Darüber hinaus wurde er durch einige Sterbefälle in der Familie und bei engen Freunden während seiner Schulzeit früh mit Sterben und Tod konfrontiert. (Solche Erlebnisse finden wir übrigens häufig im Vorfeld von Zwangserkrankungen.)

In seinem „öffentlichen" Verhalten reagierte Lambert auf diese tragischen Umstände vernünftig und kontrolliert. In seiner „Privatwelt" hingegen nahm die Bedeutung von Krankheit, Tod und vermeintlicher Schuld über die Jahre ständig zu. An dieser Stelle brach dann schließlich das magische Denken mit zunehmender Brutalität ein, weil Lambert sich sowohl als Heranwachsender wie auch als Erwachsener im Umgang mit den tragischen Momenten des menschlichen Lebens überfordert fühlte. So bildete sich neben seinen rational begründbaren Ressourcen ein zweites (vermeintliches) Abwehrsystem dagegen, bestehend aus magischen Denkweisen und Handlungen.

Symbole des Bösen

Heute tauchen überall Symbole, Gebote und Verbote auf, die angeblich Gefahr signalisieren und mit denen umgegangen werden muss. Kaum eine Situation ist noch harmlos und kann als ein unschuldiges und schönes Stück Leben empfunden werden. Der Kampf damit kommt einem außenstehenden Beobachter teils tragisch, teils absurd bis skurril vor. Lambert hält sich tapfer. Doch wir fragen uns: Muss das so sein?

Wenn auch Sie sich über die zu große Rolle beklagen, die magisches Denken in Ihrem Leben spielt, und wenn Sie sich von seinen Fesseln befreien möchten, dann ist es wichtig, zuerst seine Funktion zu verstehen und nachzuvollziehen. Wichtig ist auch zu wissen, wie es in Ihr Leben eingetreten ist.

Unnötiger Alarm

Welchen Sinn soll magisches Denken nun haben? Auf der einen Seite soll es vor Gefahren warnen. Aber es entstehen immer mehr Gefahrensignale, und das ist dann vergleichbar mit einer Alarmanlage, die alle paar Minuten anfängt loszuheulen. Sie verliert dadurch ihren Sinn und versetzt Sie unnötigerweise immer wieder in Angst und Schrecken, ohne dass sie etwas zu Ihrer Sicherheit beiträgt.

Der zweite Wert magischen Denkens und Handelns soll darin bestehen, Ihnen „Mittel" an die Hand zu geben, um Kontrolle über diese Gefahren zu gewinnen. Aber an der Stelle werden Sie getäuscht, denn es handelt sich dabei lediglich um „Zaubermittel", die in der realen Welt nichts bewirken. „Irgendwie" wissen Sie das auch. Aber es wird Ihnen immer wieder etwas vorgegaukelt, und Sie machen schon deshalb weiter, um kein Risiko einzugehen. Doch es gibt tatsächlich ein beträchtliches Risiko bei der ganzen Sache, und das ist ein ganz anderes: Es besteht darin, dass Sie immer automatischer und unbedachter auf die magischen Signale reagieren und dabei verlernen, Ihre gesunden Gefühle und Ihren Verstand einzusetzen, um die Welt wirklich zu durchschauen und sich darin zu behaupten.

Wenn Sie sich daraus befreien wollen, dann können Sie auf Folgendes hoffen: Sie werden lernen, immer genauer zu unterscheiden zwischen realen Lösungen für Lebensprobleme und symbolisch-magischen Scheinlösungen, die nur kurzfristig beruhigen. Wenn Sie sich dann immer mehr auf die Seite des wirklichen Lebens begeben, werden Sie immer kompetenter im Herangehen an Schwierigkeiten, Ihre Beziehungen zu anderen Menschen werden tiefer, und Sie entwickeln mehr Selbstwertgefühl und eine lohnenswertere Lebensperspektive.

11.4.2 Übungen

Übung 1: Wie möchten Sie, dass man mit Ihnen umgeht?

Zwei Arten der Hilfe

Machen Sie doch einmal in Gedanken ein kleines Experiment. Sie haben zwei Freunde. Der eine (A) hat eine realistische Art und bleibt, wenn es Probleme gibt, ganz auf dem Boden der Tatsachen. Der andere (B) hat den „Kopf in den Wolken" und neigt sehr stark zu magischem Denken. Sie selbst befinden sich in einer schwierigen Lebensphase und haben eine Reihe von Problemen. Zu jedem Ihrer Probleme bitten Sie Ihre beiden Freunde um Hilfe.

- **Fall 1**

Es droht Ihnen ein unangenehmer Prozess. Sie sagen: „Helft mir doch."

A: „Ich habe einen Bekannten, der kennt die Anwaltsszene wie seine Westentasche. Ich werde ihn um den Namen eines Kollegen bitten, der in deiner Angelegenheit spezialisiert ist."

B: „Jedes Mal, wenn der Gedanke bei mir auftaucht, du könntest den Prozess verlieren, werde ich das Letzte, was ich gerade getan habe, wiederholen und dabei an ein Glückssymbol wie ein vierblättriges Kleeblatt denken."

11.4 Wenn Sie betroffen sind

- **Fall 2**

Sie geraten zeitweilig in große finanzielle Schwierigkeiten. Sie sagen: „Helft mir doch."

A: „Wenn ein kurzfristiger Bankkredit deine Lage entspannen kann, so bin ich gerne bereit, bei der Bank für dich zu bürgen."

B: „Ich werde zu Hause meine rechte Hand fünfmal fünf Minuten auf einen 500-Euro-Schein legen (5 ist eine gute Zahl für so was) und dabei an dich denken. Das müsste wirken."

- **Fall 3**

Sie haben leider den Prozess verloren und sind sehr niedergeschlagen. Sie sagen: „Helft mir doch."

A: „Wenn du willst, komme ich bei dir vorbei, und wir können in Ruhe über alles reden."

B: „Ich würde dich ja gerne besuchen, aber ich habe Angst, dein Pech könnte an mir kleben bleiben. Ich möchte es unter keinen Umständen in meine Firma einschleppen."

Wenn Sie in dieser Form mit dem Unterschied zwischen realen Lösungen für Probleme einerseits und magischem Denken und Handeln andererseits konfrontiert werden, dann erscheint Ihnen Letzteres als nicht ernst zu nehmender „Kokolores". Aber prüfen Sie einmal, wie weit Sie selbst in einem solchen Denken und Handeln drinstecken und welchen Stellenwert dies in ganz ernsthaften Situationen Ihres Lebens hat.

Übung 2: Magische von echten Lösungen unterscheiden

Vergegenwärtigen Sie sich Situationen aus der letzten Zeit, in denen Sie zu einem solchen magischen „Problemlöseversuch" gegriffen haben. Machen Sie sich die Unterschiede zwischen den beiden Ebenen anhand Ihres eigenen Materials noch einmal klar.

Eigene Problemlösungsversuche

— Situation:_____

_____

_____

— Mein magisches Denken und Handeln:_____

_____

_____

– Lösungen auf der Bühne des realen Lebens: _____

_____

_____

Was halten Sie davon?

Sie haben jetzt begriffen, wie magisches Denken funktioniert, welchen Sinn es „angeblich" hat und auf welche Art es Ihnen schaden kann. Was schließen Sie daraus?

Übung 3: Jetzt reicht es!

Magische Exzesse

Zum Schluss noch ein abschreckendes Beispiel: Ein Patient, der Angst hat, als Strafe für unerlaubte sexuelle Gelüste verdammt zu werden, berichtet:

» Jedes Mal, wenn ich gezwungen bin, eine Frau zu berühren, ihr also z. B. bei der Arbeit oder privat die Hand zu geben, muss ich innerhalb von 30 Sekunden einem Mann die Hand geben. Dadurch werden die möglichen Folgen der Berührung mit der Frau, also eventuelle unerlaubte sexuelle Begierden, neutralisiert. Sie können sich vorstellen, wie schwierig es meistens ist, in so kurzer Zeit einen Mann aufzutreiben, dem man die Hand schütteln kann. Manchmal erntete ich schon mehr als befremdliche Blicke von irgendwelchen Männern, die nicht wussten, wie ihnen geschah. Bin ich allein mit einer Frau, wissend, dass ich so schnell kein Neutralisierungsobjekt finden kann, so muss ich unter irgendeinem Vorwand (Verletzung usw.) den Handschlag verweigern. Rempelt mich eine Frau an, etwa beim Verlassen eines Aufzugs, muss ich in derselben Zeitspanne einen Mann anrempeln, was nicht immer leicht ist, wie Sie sich denken können. Nun, Sie werden verstehen, dass ich manchmal Kompromisse machen muss. Wenn mir die Sprechstundenhilfe Blut abnimmt, weiß ich genau, dass ich dieselbe Prozedur nicht an einem Mann wiederholen kann. Schon gar nicht in der vorgeschriebenen Zeit. Ich versuche es dann wenigstens symbolisch wiedergutzumachen, indem ich mich (meist muss ich dabei eine zeitliche Verlängerung in Anspruch nehmen) bei einem Mann nach dessen Gesundheit erkundige. Sehe ich eine Frau auf der Straße oder sonst etwas, das böse Gedanken in mir wachruft, so gehe ich den letzten Teil der Strecke zurück und beginne den Weg von Neuem, diesmal in der Hoffnung, durch keinen bösen Gedanken befleckt zu werden …

Sagen Sie zu sich selbst: „Jetzt reicht es! Ich will da raus!"

Der Betroffene im Umgang mit der Zwangserkrankung

Inhaltsverzeichnis

12.1 Krankheitsbewusstsein – 130

12.2 Auswirkungen des Zwangs auf das tägliche Leben – 131

12.3 Motivation zur Veränderung – 133

12.4 Welche innere Einstellung hilft Ihnen, Ihre Zwänge zu überwinden? – 134

12.5 Irrtümer und Wahrheiten: Häufig gestellte Fragen – 144

12.1 Krankheitsbewusstsein

Der Zwangskranke ist mit einer Anzahl von Problemen konfrontiert, die sich sehr von denen anderer psychisch Kranker unterscheiden.

Die ersten Anzeichen der Zwangserkrankung treten meist im Alter von 10 bis 15 Jahren auf. Bei 85 % der Patienten sind die Symptome vor dem 35. Lebensjahr voll ausgeprägt. Die Wahrscheinlichkeit, nach dem 40. Lebensjahr an einem Zwang zu erkranken, ist äußerst gering.

Doppelte Buchführung

Die ersten Ängste und Zwangshandlungen werden von den Betroffenen oft als „persönlicher Aberglaube" angesehen. Da die Symptome meist noch nicht sehr störend sind, werden sie auch nicht groß infrage gestellt oder bekämpft. Man fühlt sich eben besser, wenn man bestimmte Dinge macht und andere unterlässt, und so hält man sich daran. In dem Maße, in dem sich der Zwang ausbreitet (häufig in Schüben und bei Lebenskrisen), beginnen die ersten deutlichen Beeinträchtigungen. Der Kranke erlebt sich in einzelnen Lebensbereichen zunehmend als unfrei und merkt allmählich, dass sich in ihm eine Macht festgesetzt hat – eben der Zwang, der zu einem großen Problem für ihn wird. Er muss nun in vielen Situationen zwei Herren dienen: dem Leben und seinen Notwendigkeiten und gleichzeitig dem Zwang, der seine eigenen Gesetze hat. Sie haben etwa am Beispiel von Magda (▶ Abschn. 7.2) gesehen, wie eine solche „doppelte Buchführung" aussieht und wie kraftraubend sie sein kann.

Eingeschränkte Gegenwehr

Der erste Ansatz von Krankheitsbewusstsein war vielleicht nicht mehr als das Gefühl, dass etwas nicht stimmt. Jetzt, wo die Einschränkungen größer werden, beginnt auch der Widerstand gegen die Krankheit. Er äußert sich schon im Erleben des Zwangs: Etwas in mir zwingt mich, dies oder jenes zu tun oder zu denken. Der Kranke versucht dieses Etwas in seine Schranken zu weisen, es nicht zu viel Macht gewinnen zu lassen. Das äußert sich bei Berührungsängsten etwa in dem Versuch, den Umfang der Waschungen so gering wie möglich zu halten, damit nicht zu viel Zeit verloren geht. Bei Kontrollzwängen versucht man ein einigermaßen zufriedenstellendes Sicherheitsgefühl mit einem Minimum an Kontrollen herzustellen. Selten geht der Widerstand so weit, dass der Kranke energisch versucht, das ganze Zwangssystem infrage zu stellen, also sozusagen „auszusteigen".

Die Stärke des Widerstands, der dem Zwang entgegengesetzt wird, kann schwanken: In manchen Lebensphasen ist der Kranke seinem zwanghaften Denksystem fast völlig ausgeliefert und richtet sich beinahe sklavisch danach, zu anderen Zeiten hat er mehr Distanz und innere Freiheit.

Das Krankheitsbewusstsein des zwanghaften Menschen ist also immer nur relativ. Er versucht den Zwang zu überlisten und unter Kontrolle zu halten. Er hat aber dabei bis zu einem gewissen Grad das Gefühl, dass er, etwa in puncto Sauberkeit, an Regeln gebunden ist, die für andere nicht gelten. Gefühlsmäßig vermag sich ein zwanghafter Mensch selten ganz von seinem Zwang zu distanzieren.

12.2 Auswirkungen des Zwangs auf das tägliche Leben

Das Leben zwanghafter Menschen ist immer ein Kompromiss zwischen dem normalen Leben, wie es Gesunde führen, und den Forderungen des Zwangs. Der Widerstand, den sie dem Zwang entgegensetzen, ist vor allem auch darin begründet, dass sie im Alltag um keinen Preis auffallen wollen. Wer sich bei jeder Gelegenheit die Hände wäscht, Stunden braucht, um ein Schriftstück abzuzeichnen, oder gar ausgefallene Gesten macht, etwa beim „Gegenzauber", fällt bald auf, wird zuerst belächelt und schließlich als Spinner abgetan. Als normal zu gelten ist deshalb das oberste Gesetz. Das führt zum einen dazu, dass Zwangskranke fortlaufend zu Tricks greifen, die für andere undurchschaubar sind.

So erfand ein Patient, ein hoher Beamter, einen Vorgesetzten, Dr. Weygand, der angeblich in Brüssel residierte und mit dem er jedes wichtige Schriftstück vor der Abzeichnung noch einmal absprechen musste. Dr. Weygand war in keinem Amtsverzeichnis aufzufinden und hielt dennoch, geheimnisumwittert, im fernen Brüssel scheinbar alle Fäden in der Hand. Und während die Kollegen vermuteten, vor der Unterzeichnung eines Schriftstückes liefen letzte entscheidende telefonische Verhandlungen mit Dr. Weygand, saß der Patient in seinem abgeschlossenen Büro und kontrollierte zum fünfzigsten Mal, ob er nicht aus Unachtsamkeit „schweinische Wörter" in den Text hatte einfließen lassen.

Der Versuch, auf keinen Fall aufzufallen, hat aber noch eine andere negative Konsequenz: den selbstauferlegten Verzicht. Unter irgendeinem Vorwand nimmt man nicht am Betriebsausflug teil, weil man sich beim Picknick nicht dauernd die Hände waschen kann, oder man besucht den geselligen Abend nicht, weil man dort mit „gefährlichen Personen" zusammentreffen könnte.

Auch in seinem engsten Kreis hat der Kranke eine große Scheu, seine Besonderheiten einzugestehen. Wenn es geschehen muss, weil ihn etwa jemand zur Rede stellt und eine Erklärung

Nur nicht negativ auffallen!

Meister des Verbergens

für sein merkwürdiges Verhalten verlangt, so beschränkt er sich meist auf Andeutungen oder klagt, dass es in seinem Leben etwas gebe, worüber er nicht reden könne.

Er verbirgt so weit wie möglich die Einzelheiten seines zwanghaften Systems, verlangt aber stillschweigend, dass die anderen sich danach richten und Rücksicht nehmen. So können auch enge Beziehungen erheblich dadurch belastet werden, dass der Partner etwas sagt oder tut, was nach dem Zwangssystem „verboten" ist. Wenn die Krankheit schlimmer und die Ängste größer werden, mag der Zwangskranke seine Umgebung in Teile seines Regelwerks einweihen, um die Respektierung einer Regel zu gewährleisten.

Ein Zwangskranker, der an „Bakterienangst" litt, hatte folgendes Ritual zu Hause eingeführt: Wenn ein Familienmitglied (Ehefrau, Sohn oder Tochter) nach Hause kam, musste es auf einem schmalen Holzsteg ins Bad gehen, Wasser in die Wanne einlassen, sich ausziehen und vollständig ins Wasser eintauchen. Wenn der Mann zu Hause war, überprüfte er dies genau. Dann durften die Familienmitglieder ihre Hauskleidung anlegen und vor ihn treten. Er begrüßte sie herzlich.

Das Leben des zwanghaften Menschen ist also eine ständige Gratwanderung: auf der einen Seite die allgemeinen menschlichen Bedürfnisse, die Notwendigkeiten des Berufslebens und die Grenzen dessen, was anderen zumutbar ist. Auf der anderen Seite die eisige Logik der Krankheit.

Ein solcher Kampf kann ermüden. Der Kranke muss auf viele schöne Seiten des Lebens verzichten, um den Gefahren, die der Zwang ihm diktiert, auszuweichen. Darüber hinaus kann er das Gefühl haben, seine täglichen Aufgaben immer schlechter zu bewältigen. Die Folgen sind oft Niedergeschlagenheit, Mut- und Hoffnungslosigkeit.

Diese Zustände sind typisch für eine andere seelische Störung, nämlich Depression. Die Stimmung von Zwangskranken ist häufig gedrückt und niedergeschlagen. Doch je niedergeschlagener sie sind, desto weniger Widerstand können sie der Krankheit entgegensetzen. Sie sind ihren Ängsten dann noch mehr ausgeliefert und müssen ihr Abwehrverhalten noch weiter ausdehnen, um wenigstens teilweise bestehen zu können. Die Krankheit schreitet fort und engt das Leben noch mehr ein.

Andererseits kann eine Stimmungsverbesserung, die durch günstige Lebensumstände, aber auch durch Medikamente, sogenannte Antidepressiva, hervorgerufen werden kann, die Zwangserkrankung positiv beeinflussen.

12.3 Motivation zur Veränderung

Vielleicht vermuten Sie, dass Menschen, die häufig so unangenehmen Gefühlen wie Angst oder Ekel ausgesetzt sind und deren Leben derartigen Einschränkungen unterliegt, unter allen Umständen versuchen werden, ihre Lage zu verändern. Doch so ist es nicht, und das hat mehrere Gründe.

Wir wissen, wie anpassungsfähig der Mensch ist. Er kann sich an vieles gewöhnen. An widrige äußere Lebensbedingungen, an eine Behinderung und anscheinend auch an einen Zustand wie den Zwang. Bei mir (N. Hoffmann) im Nebenhaus wohnt eine alte Dame. Ihre Rollläden sind immer geschlossen. Sie spricht kaum mit jemandem. Wenn sie das Haus verlässt, schlägt sie einen merkwürdigen Zickzackkurs ein, der sie zweimal um zwei Bäume herum führt und dicht unter einem Fenster vorbeigehen lässt, wo das Gehen sehr schwerfällt. Bevor sie in der Nebenstraße verschwindet, dreht sie sich noch einmal um und macht immer wieder dieselbe Bewegung mit dem Kopf, der bedeckt, ja fast eingewickelt ist. Die Hausmeisterin sagte mir einmal beiläufig, die alte Dame sei sehr nett und bei vollem Verstand, aber halt eigenartig und mache ständig unverständliches Zeug. Ich weiß nicht, welche Dämonen die alte Dame bei ihrem täglichen Gang zum Bäcker beschwört, aber eines weiß ich: es sind die des Zwangs.

So kann sich mit den Jahren ein „Gleichgewicht des Schreckens" einstellen. Zauber und Gegenzauber heben sich gegenseitig auf, die Zeit steht still. Häufig können sich solche Menschen ein Leben ohne Zwang überhaupt nicht mehr vorstellen. Der Gedanke, sich frei wie die anderen im Alltag zu bewegen, ist ihnen dermaßen fremd geworden, dass die Vorstellungskraft versagt. Mehr als ein Patient hat uns die Frage gestellt: „Was kommt dann? Was ist danach?"

Gleichgewicht des Schreckens

Unter einem Leben ohne Zwang stellen sie sich nicht so sehr die Befreiung von Ängsten, Mühen und Plagen vor, sondern eine völlig neue Existenz, deren Spielregeln sie erst lernen müssen. Und an dieser Stelle kann sie das Gefühl beschleichen, dass den Zwang zu verlieren auch bedeuten würde, etwas aufzugeben. Das hängt mit einer gewissen gefühlsmäßigen Bindung an den Zwang zusammen, die wir schon beschrieben haben.

Wir baten einmal eine Patientin, die an einem sehr schweren Waschzwang litt, sich in Bezug auf bestimmte Eigenschaften mit „den anderen Menschen" zu vergleichen. In ◘ Abb. 12.1 sehen Sie das Ergebnis.

Selbstvergleich mit Gesunden

Sie sehen, dass dieselbe Person, die sich im Vergleich zu anderen als extrem klein, schwach, unfähig und dumm einschätzte, sich in puncto Sauberkeit, Vorsicht und Tiefsinn ungemein

```
groß ----------------  (A)  ----------------  (P) klein

stark ----------------  (A)  ----------------  (P) schwach

tüchtig --------------  (A)  ----------------  (P) unfähig

klug -----------------  (A)  ----------------  (P) dumm

sauber (P) -------------------------------------- (A) schmutzig

vorsichtig (P) ----------------------------------- (A) unvorsichtig

tiefsinnig (P) ----------------------------------- (A) oberflächlich

gesund ---------------  (A)  ----------------  (P) krank
```

Abb. 12.1 Dieser Selbstvergleich mit gesunden Menschen in Bezug auf bestimmte Eigenschaften stammt von einer Patientin mit Waschzwang. Der Buchstabe „P" steht für die Patientin, das „A" für „die anderen Menschen"

überlegen fühlte. Obwohl sie sich uns als Patientin vorstellte, d. h. als Leidende, die gesund werden wollte, war sie im Kern ihres Wesens davon überzeugt, durch ihre Art anderen voraus zu sein. „Sind Sie der sauberste Mensch der Welt?", provozierten wir sie. Das „Ja" kam sehr leise, aber deutlich vernehmbar.

Wir haben sehr viele Widersprüche bei zwanghaften Menschen festgestellt. Sie leiden oft sehr und können von den Möglichkeiten anderer Menschen nur träumen. Doch sie leben auch in einer inneren Welt, in der sie einzigartig und rein dastehen.

Den letzten Ausschlag für die Entscheidung, etwas gegen den Zwang zu unternehmen, geben oft äußere Momente: Der Druck in der Beziehung oder im Beruf wird größer, oder die Krankheit schreitet so voran, dass die Möglichkeiten, das Leben zu bewältigen, sich erschöpfen.

12.4 Welche innere Einstellung hilft Ihnen, Ihre Zwänge zu überwinden?

Hilfreiche Grundregeln

Die wichtigsten Elemente einer solchen hilfreichen inneren Einstellung werden in den folgenden Grundregeln wiedergegeben:
- Besinnen Sie sich auf Ihre Stärken und Ressourcen.
- Erkennen Sie Ihren Feind.

12.4 · Welche innere Einstellung hilft Ihnen, Ihre Zwänge zu überwinden?

- Beobachten Sie ihn, kommen Sie ihm auf die Schliche, und lernen Sie ihn immer besser kennen.
- Fangen Sie an, andere Menschen mit neuen Augen zu beobachten.
- Stellen Sie dem Zwang Fragen, halten Sie nichts von dem, was er von Ihnen verlangt, für selbstverständlich, und geben Sie nicht mehr automatisch nach.
- Fordern Sie ihn heraus, und experimentieren Sie mit ihm.
- Lernen Sie, immer besser die gegenwärtige Wirklichkeit zu überschauen, und werden Sie immer stärker zum Subjekt kritischer Situationen.
- Lassen Sie andere Menschen möglichst aus Ihren Zwängen heraus.
- Wir möchten die einzelnen Punkte im Folgenden jeweils kurz erläutern.

■ **Besinnen Sie sich auf Ihre Stärken und Ressourcen**
Sie haben sicherlich manchmal das Gefühl, Sie bestehen nur noch aus Ängsten, Zweifeln und Unsicherheit und sind gezwungen, wie eine Marionette zu agieren. Das können Sie dann endlos bedauern – mit dem Effekt, dass Sie immer mehr verzagen und jeden Lebensmut verlieren. Bald wird die Zukunft Ihnen nur noch wie ein großes Fragezeichen oder aber, im schlimmsten Fall, wie ein schwarzes Loch vorkommen.

In solchen Momenten können Sie aber auch „umschalten" und sich auf die positiven Aspekte des Lebens besinnen: Welche Menschen brauchen mich, und wie kann ich ihnen helfen? Wer ist für mich da, wie kann ich es ihm danken und meine Beziehung zu ihm noch verbessern? Was ist mir über alles lieb und teuer, was macht mir Mut oder heitert mich auf? Was kann ich besonders gut, wie kann ich meine Stärken und Fertigkeiten ausbauen und zur Geltung bringen? Was macht mir Hoffnung, und wie kann ich meinem Ziel, ein besseres und erfüllteres Leben zu führen, ein Stück näher kommen?

Auf positive Aspekte „umschalten"

Für Zwänge wie für jede andere Schwierigkeit gilt: Sie machen nie das ganze Leben aus; es gibt auch die andere Seite der Medaille. Je mehr ich mich auf mein Problem konzentriere, desto mehr verstellt es mir die Sicht, und die daraus resultierende Stimmung ist auch für eine Auseinandersetzung mit dem Problem im engeren Sinne keineswegs förderlich.

■ **Erkennen Sie Ihren Feind**
Der Zwang ist meist durch ein unglückliches Zusammenspiel äußerer und innerer Faktoren entstanden und stellte zum Zeitpunkt seiner Entstehung eine – wenn auch höchst unbefriedigende – Art dar, mit der Gesamtlage umzugehen.

Diese Funktion hat er teilweise noch heute. Er ist eine Art Kompromiss zwischen einer reifen und differenzierten Art, mit der dunklen Seite des Lebens umzugehen, und der totalen Resignation. Zwangskranke kämpfen noch, aber die Mittel, auf die sie sich fixiert haben, sind weitgehend untauglich und richten langfristig mehr Schaden an, als sie helfen.

Um den inneren Zwiespalt, in dem sich Zwangskranke befinden, wenigstens etwas zu reduzieren, ist die Versuchung groß, den Inhalt, den der Zwang vorgibt, zu rechtfertigen, zu verteidigen, ja manchmal geradezu zu idealisieren. Es kommt dann zu einer merkwürdigen Haltung der Betroffenen, die man etwa folgendermaßen wiedergeben kann:

Zwangsinhalte nicht idealisieren und rechtfertigen

» Man kann beim besten Willen nicht sagen, dass alles in Ordnung sei. Wir haben Schwierigkeiten, und deshalb wollen wir ja etwas verändern. Aber eine einfache Krankheit, die man einigermaßen durchschauen und über die man überall nachlesen kann, haben wir nicht. Es ist alles komplizierter. Das Ziel kann nicht darin bestehen, so zu werden wie alle anderen auch. Auf der einen Seite wissen wir nicht genau, wie wir sind, und wir wollen es in Wirklichkeit auch gar nicht so recht wissen. Diejenigen, denen wir im täglichen Leben begegnen, sind wahrlich keine erstrebenswerten Vorbilder, etwa bei ihrer Art, Verantwortung wahrzunehmen, ihre Dinge in Ordnung zu bringen oder die elementaren Regeln der Hygiene einzuhalten. Ein Urteil müssen sie sich allemal gefallen lassen: Sie sind oberflächlich und machen es sich leicht. Das kann es auch nicht sein. Auf der anderen Seite übertreiben wir vielleicht ein wenig und machen es uns schwer. Wo liegt die Wahrheit? Was ist richtig? Keiner kann die einzigartig schwierige Situation, in der wir uns befinden, je verstehen, davon sind wir überzeugt.

Diese zerrissene, zwiespältige Haltung ist bei allen Betroffenen nachweisbar. Sie scheint sie etwas zu beruhigen, weil sie auf diese Weise nicht zugeben müssen, dass die Krankheit sie auf den ganz falschen Weg geführt hat. Wie gehen sie dabei vor?

Sie versuchen, zwanghaftes Denken durch Werte, die gesellschaftlich hoch angesehen sind, zu rechtfertigen. Diese Operation hat letztlich zum Ziel, die Kluft zwischen den konventionellen Lebensregeln und den ganz besonderen Regeln des Zwanges zu überbrücken. Sie wird dadurch begünstigt, dass die Vorstellungen, die in der Zwangserkrankung auftauchen, von vornherein einen Hauch von Plausibilität haben: Beim Verlassen einer Wohnung kann ein Haushaltsgerät in Betrieb bleiben, und das birgt die Möglichkeit eines Schadens, trotz moderner Sicherheitsmaßnahmen. Es gibt die Möglichkeit, sich draußen mit einer Krankheit anzustecken, und beim Autofahren kann ein fremder Mensch verletzt werden oder gar zu Tode kommen. Wenn unendliche Kontrollen bei Haushaltsgeräten vorgenommen werden oder auf das Autofahren

12.4 · Welche innere Einstellung hilft Ihnen, Ihre Zwänge zu überwinden?

verzichtet wird, so ist es für den Zwangskranken relativ einfach, sein von der Krankheit diktiertes Vorgehen als Ergebnis einer übersteigerten Hingabe an Werte wie Verantwortungsgefühl, Vorsicht und Ernsthaftigkeit im Umgang mit den Dingen des Lebens auszugeben. Auch Hygienevorschriften, Sorgen (wenn auch übertriebene) um die eigene Gesundheit, aber vor allem um die der anderen, eignen sich vortrefflich für denselben Zweck.

Wir haben gesehen, dass die Symptome einer Zwangserkrankung nicht an sich vernünftige, wenn auch übertriebene Vorsichtsmaßnahmen darstellen, die dem Leben an sich förderlich sind. Eine Zwangserkrankung ist etwas ganz anderes.

An dieser Stelle kann einem Betroffenen nur eine möglichst große Ehrlichkeit mit sich selbst weiterhelfen. Sein Feind ist nicht eine zu oberflächliche Gesellschaft, es sind auch nicht „die anderen", der Feind steckt in ihm. Es ist der Zwang, bestehend aus irrationalen Befürchtungen und Gefühlen und den Mitteln, die dagegen eingesetzt werden: Zwangshandlungen jeglicher Art. Sie sind es, die in Wirklichkeit das Leben bedrohen!

Ehrlich zu sich selbst sein

▪ Beobachten Sie ihn, kommen Sie ihm auf die Schliche, und lernen Sie ihn immer besser kennen

Statt das zu ignorieren, zu verdrängen oder gar noch verteidigen zu wollen, was einem schadet, einem selbst und anderen Leid zufügt, sollte man es möglichst kennenlernen, um immer besser Widerstand leisten zu können, mit dem Ziel, es schließlich zu überwinden.

Jeder Betroffene denkt, dass er die eigenen Probleme, die mit dem Zwang verbunden sind, zur Genüge, ja allzu gut kennt. Dem müssen wir aus Erfahrung widersprechen. Vieles von dem, was in kritischen Situationen abläuft, läuft quasi automatisch ab, d. h. auf einer sehr niedrigen Bewusstseinsstufe. Vieles andere, was Sie im Rahmen des Zwanges denken oder tun, erscheint Ihnen so selbstverständlich, dass Sie es gar nicht mehr wirklich zur Kenntnis nehmen.

Fangen Sie an, bestimmte Denk- und Verhaltensabläufe ganz bewusst zu beobachten:

Bewusste, genaue Selbstbeobachtung

— Wann fängt es genau an? Gibt es bestimmte Anstöße von außen, wie die Begegnung mit einem Menschen, der Ihnen „schmuddelig" erscheint? Folgt unmittelbar danach ein Gedanke wie: „Der könnte mit Aids infiziert sein" oder ein Gefühl, etwa des Ekels oder der Angst?
— Wie sind Ihre ersten Reaktionen? Fangen Sie an, sich selbst zu überwachen, z. B. um zu vermeiden, etwas zu berühren, was die Person angefasst hat? Nehmen Sie sich vor, zu Hause ein besonderes „Vorsichtsreinigungsprogramm" zu absolvieren?

- Wie verändert sich Ihr Gefühl im Lauf der folgenden Zeit?
- Wie sehen Ihre Reinigungsrituale vornehmlich aus? Wie gehen Sie genau vor, wenn Sie die Hände waschen? Welche Auswirkungen hat es auf Sie? usw.

Oder registrieren Sie ganz exakt, wie Ihr Kontrollprogramm aussieht, bevor Sie die Wohnung verlassen:
- Was kontrollieren Sie alles? Wie lange dauert der Gesamtvorgang? Wie genau sieht die Kontrolle der Wasserhähne aus? Welche Bewegungen führen Sie dabei aus? Was denken Sie, wenn Sie sehen, dass doch kein Wasser aus den Hähnen läuft?
- Trauen Sie dabei Ihren Augen? Welche Gefühle haben Sie dabei? Was muss sich einstellen, damit Sie einen bestimmten Teil abschließen?
- Welche Gedanken folgen unmittelbar danach? Welche Gefühle? usw.

Oder:
- Welche Zwangsgedanken und -handlungen ereignen sich im Laufe eines Tages?
- Wann kommen Sie besser zurecht und wann nicht?

Auf diese Art werden Sie das Ausmaß, das der Zwang angenommen hat, besser überschauen. Sie werden Aspekte kennenlernen, die Ihnen gewöhnlich schon gar nicht mehr auffallen, wie Unvollständigkeitsgefühle bei Kontrollen oder Rückzugs- und Vermeidungsreaktionen.

Erschrecken Sie nicht, und werden Sie nicht verzagt, wenn Sie feststellen, dass die Zwangssymptome noch zahlreicher und komplizierter sind, als Sie vermutet hätten. Die Voraussetzung für eine Besserung ist, dass Sie sich dem ganzen Zwangskomplex stellen, um ihn noch genauer kennenzulernen. Seien Sie ehrlich zu sich selbst; das ist die unabdingbare Voraussetzung für jeden Fortschritt.

- **Fangen Sie an, andere Menschen mit neuen Augen zu beobachten**

Vielleicht haben Sie sich bislang wenig dafür interessiert, wie andere Menschen – auch solche, die Sie schätzen und mögen – sich in bestimmten Situationen verhalten, die für Sie ein großes Problem darstellen. Sie mögen denken: „Das betrifft mich nicht, die sind ja gesund" oder vielleicht: „Ich lebe in meiner Welt, die der anderen geht mich nichts an." Oder sogar: „So wie die anderen möchte ich gar nicht sein." Aber das Wahrscheinlichste ist: Sie wissen nicht genau, was die anderen denken und wie sie bestimmte Dinge tun, obwohl Sie das ja feststellen könnten.

12.4 · Welche innere Einstellung hilft Ihnen, Ihre Zwänge zu überwinden?

Beobachten Sie einmal genau, wie der Bürokollege seinen Schreibtisch abschließt und wie die Freundin ihre Hände wäscht, bevor sie zu Tisch geht. Die Betonung, Sie werden es gemerkt haben, liegt auf dem Wie: *Wie macht sie es, wie* hält sie die Hände unter das Wasser, *wie genau* seift sie sich ein? usw.

Interesse für das Verhalten anderer entwickeln

Fragen Sie ruhig einmal jemanden: „Was geht dir durch den Kopf, wenn du hörst, wie Lebensmittel behandelt werden? Was machst du, um dich und deine Familie einigermaßen zu schützen? Warum erscheint dir das ausreichend?" Oder: „Wie machst du es, wenn du die Wohnung in der Früh verlässt, um zur Arbeit zu gehen?" Dann vergleichen Sie Ihre Vorgehensweise mit der der anderen.

Das Ganze sollte nicht dazu führen, dass Sie sich verrückt oder minderwertig vorkommen, sondern dazu, dass Sie das, was Sie tun und wie Sie es tun, nicht mehr für selbstverständlich oder für das einzig Mögliche halten. Beobachten Sie erst einmal nur, fragen Sie an der einen oder anderen Stelle nach, oder vergleichen Sie. Dann können Sie anfangen, sich Ihre Gedanken zu machen.

Beobachten und vergleichen

- **Stellen Sie dem Zwang Fragen, halten Sie nichts von dem, was er von Ihnen verlangt, für selbstverständlich, und geben Sie nicht mehr automatisch nach**

„Dem Zwang stellt man keine Fragen, vor allem nicht die Frage, warum er uns zwingt, die Welt auf eine ganz einseitige Art zu sehen, in der Gefahren, Schmutz, Ekliges und Böses allgegenwärtig sind", bemerkte einmal eine Patientin. Mit dem Zwang diskutiere man nicht, meinen andere. Dieses Verbot zu durchbrechen, und sei es nur am Anfang an der einen oder anderen Stelle, ist ein ganz wichtiger Schritt für alle Betroffenen.

Sie befinden sich in einem öffentlichen Verkehrsmittel und nehmen die Mitbenutzer gleich bei Ihrem Einstieg als undifferenzierte, feindselige Masse möglicher Träger von Schmutz und Ansteckendem wahr und ziehen sich reflexartig in sich selbst zurück: Nur nie jemanden berühren, nur nirgendwo drankommen, den eigenen Körper, die Kleidung schützen, vor allem nichts nach Hause einschleppen, wo alles rein zu sein hat.

Sie verharren in dieser Haltung, sind überwachsam und aufmerksam, angespannt und fixiert auf die Gefahren und das Eklige, die der Zwang Ihren Gedanken aufdrängt. Ihr ganzes Verhalten, Ihr Denken und Fühlen wird von dieser einseitigen Art, die Situation zu erleben, diktiert, seit die Krankheit ausgebrochen ist, und Sie stellen diese Art, die Dinge wahrzunehmen, gar nicht mehr infrage.

War das immer so? Versuchen Sie sich an die Zeit vor dem Ausbruch der Zwangserkrankung zu erinnern: Wie haben Sie

Wie war Ihr Leben vor dem Zwang?

die Welt damals erlebt? War sie nicht bunter, vielfältiger, in einem Wort: menschlicher? Fühlten Sie sich damals nicht freier, entspannter, mehr als Herr der Lage? Mit Sicherheit.

Und warum ist es plötzlich, seit dem Beginn des Zwanges, so anders? Wieso erscheint es so definitiv anders? Ist es, weil Sie alles in allem klüger, weitsichtiger, vorsichtiger, sich der allgegenwärtigen Gefahren des Lebens stärker bewusst geworden sind? Ist es wirklich so, dass Sie durch die ganze Entwicklung gewonnen haben, dass Sie sich größer und selbstbestimmter fühlen, fähiger, dem Leben voll ins Auge zu sehen?

Wenn Sie ehrlich sind, werden Sie zugeben, dass dem nicht so ist. Würden Sie so denken, so würden Sie Ihren ärgsten Feind verteidigen. Wenn Sie ernsthaft Ihrem Gefühl nachsinnen, dann fühlen Sie sich keineswegs stärker, sondern klein und hilflos, wie ein Kind ausgeliefert an tausend Regeln, Gebote und Verbote, die den Zwang ausmachen.

Dem Zwang Warum-Fragen stellen

Wir möchten an dieser Stelle keine „Dämonenbeschwörung" empfehlen, aber fragen Sie den zwanghaften Anteil in Ihnen einmal ganz ruhig: „Warum ist das jetzt so? Warum muss ich die Welt so erleben und nicht mehr so wie noch vor zwei Jahren? Warum kann ich nicht so Autobus fahren wie alle anderen auch? Der Mann dort liest Zeitung, diese beiden Jugendlichen unterhalten sich angeregt, die ältere Dame schaut entspannt zum Fenster heraus. Warum ist das bei mir ganz anders?"

Als eine Patientin zum ersten Mal anlässlich einer Autobusfahrt anfing, derlei verbotene Warum-Fragen zu stellen, um alles nicht mehr als selbstverständlich hinzunehmen, erhielt sie eine „Antwort", die sie sehr erschütterte: „Ich will dich klein und hilflos sehen, ich bin stark, du bist nichts."

Sie hörte nicht plötzlich „Stimmen", sie behielt die ganze Zeit ihr normales Bewusstsein und war nicht plötzlich „verrückt" geworden – im Gegenteil: Zum ersten Mal nahm sie die Dinge, die von ihr verlangt wurden, nicht mehr automatisch hin, so als sei dies das einzig Mögliche und Sinnvolle. Das heißt: Zum ersten Mal seit längerer Zeit war sie sich ihrer Lage bewusst. Sie war sozusagen auf einer höheren Bewusstseinsstufe, verglichen mit ihrem üblichen Zustand, der ganz vom Zwang beherrscht wurde.

Als sie sich von dem ersten Schreck und der anschließenden Traurigkeit, die die „Antwort" auslöste, erholt hatte, fing sie an, sich diese Fragen immer öfter zu stellen, und erlebte etwas, das sie schon lange nicht mehr kannte: Sie fing an, sich in zunehmendem Maße innerlich aufzulehnen, und verspürte einen immer größeren Widerwillen gegen die einseitigen Botschaften des Zwanges.

Mit der Zeit fühlte sie sich ihm gegenüber flexibler. Es traten Erinnerungen auf an den Vater, der ihr ständig eine ähnliche „Lebensphilosophie" vermittelt hatte („Pass auf!", „Überall

12.4 · Welche innere Einstellung hilft Ihnen, Ihre Zwänge zu überwinden?

lauern Gefahren", „Die Welt ist schlecht/dreckig", „Du schaffst es nicht" usw.), und sie fing an, sich zunehmend auf sich selbst zu besinnen und Partei für andere Teile der eigenen Person zu ergreifen und auch andere Ansichten zu entwickeln („Ganz so ist die Welt nun auch wieder nicht", „Ich bestimme über mich selbst", „Das sehe ich ein, dies aber nicht", „Ich will nicht mehr so hilflos und so klein sein").

Es dauerte längere Zeit, bis sie diese neuen Erlebnisse klar formulieren konnte, aber sie bekam in zunehmendem Maße das Gefühl, dass es etwas in ihr gab, das sie bekämpfen musste und auch bekämpfen konnte, im Interesse des eigenen Lebens.

▪ Fordern Sie ihn heraus, experimentieren Sie mit ihm

Dann fing die Patientin an zu „experimentieren", wie sie es nannte. Sie war nicht in der Lage, alles von einem Tag auf den anderen „umzukrempeln" (wie wir schon weiter oben sagten, sollten vom Zwang Betroffene keine Wunder von sich selbst erwarten), aber sie wurde mutiger und begann vieles auszuprobieren, was sie sich schon lange nicht mehr zugetraut hatte, ja manchmal forderte sie den Zwang geradezu heraus.

Mut zum Experiment entwickeln

Im Autobus blieb sie zunächst stehen, wie der Zwang es verlangte („Bloß mit nichts in Berührung kommen!"), aber nicht mehr so, als sei es das Selbstverständlichste der Welt. Sie sah sich jetzt bewusst die anderen Fahrgäste an, die auf ganz natürliche Weise die freien Plätze eingenommen hatten, und fragte sich: „Warum ich? Sind die denn blöd, oder stimmt etwas mit mir nicht? Warum darf ich mich nicht auch hinsetzen?"

Beim nächsten Mal, während sie wieder stand, stellte sie sich vor, wie es wäre, sich auch hinzusetzen. Sie versuchte das Bild von sich selbst als Sitzende unter Sitzenden eine ganze Weile in sich aufrechtzuerhalten.

Ein anderes Mal streifte sie ganz bewusst einen Sitz mit ihrem Mantel und fragte sich fast trotzig: „So, was nun? Geht die Welt jetzt unter?" Sie versuchte in sich hineinzuhorchen, ob sich auf der Stelle ein unerträglicher Ekel oder eine maßlose Angst einstellen würden, und stellte zu ihrer Überraschung fest, dass dem nicht so war.

Zu Hause hängte sie ihren Mantel ganz bewusst an den üblichen Haken. Ein leichtes Unbehagen und die üblichen Gedanken an eine endlose Weiterverbreitung von irgendwelchen Gefahrenstoffen kamen auf. Sie blieb ganz bewusst vor dem Mantel stehen, und nach einiger Zeit packte sie eine Art Wut über ihre ganze verfahrene Lebenssituation.

Dann legte sie ganz bewusst die Hand auf den Mantelsaum und hielt sie sich vor die Augen. Nichts geschah. Die Hand fühlte sich an wie immer.

Dann überkam es sie. Ganz langsam, aber mit einer sicheren und entschlossenen Bewegung fuhr sie sich mit der Hand durch die Haare. Nie würde sie diesen Augenblick vergessen. Wut, Trotz, Angst vor der eigenen Courage und alle möglichen anderen Gefühle mischten sich und machten schließlich einer Empfindung des Stolzes, ja fast des Triumphes Platz.

Es war nicht das Ende der Zwangserkrankung, aber mit einiger Hilfe der Anfang einer Besserung, die bis zur vollständigen Heilung voranschritt. Dieses Beispiel zeigt, wie eine allmähliche innere Distanzierung von den starren Gesetzen, die der Zwang einem Menschen auferlegt, möglich ist. Die Patientin stellte zunehmend infrage, was sie zuvor bloß hingenommen hatte. Dadurch wurde sie immer mutiger, ja geradezu experimentierfreudig, bis eine Art innere Rebellion gegen den Zwang ausbrach.

- **Lernen Sie, immer besser die gegenwärtige Wirklichkeit zu überschauen, und werden Sie immer stärker zum Subjekt kritischer Situationen**

Der Zwang beherrscht Menschen bis hin zu ihrer Wahrnehmung. In kritischen Situationen ist ihre Aufmerksamkeit überaktiv und auf einige für sie relevante Details konzentriert. So starren sie wie gebannt auf einen Fleck auf der Erde, der ihnen verdächtig vorkommt, und sehen nichts anderes mehr. Beim Kontrollieren des Elektroherdes fixieren sie die Knöpfe, bis sie ihnen schwammig und unscharf vorkommen. Sie bekommen dann sehr schnell das Erlebnis, das wir „Unvollständigkeitsgefühl" genannt haben, trauen den eigenen Augen und ihrem Urteil („Ich sehe ja, dass die Zeiger auf null stehen") nicht mehr, sind nicht in der Lage, den Vorgang abzuschließen, fangen von Neuem mit ihren Kontrollen an, diesmal, indem sie an den Knöpfen herumdrehen, usw.

Wieder ganz da sein lernen

Eines der besten Mittel, um den Zwang beherrschen zu lernen, statt von ihm beherrscht zu werden, ist, sich selbst systematisch zu trainieren, wieder Situationen voll und ganz mit hellem, wachem Bewusstsein zu erleben und zu überblicken. Wir nennen das „wieder zum Subjekt einer Situation werden". Wir möchten das anhand eines Beispiels aufzeigen.

Frank hatte große Schwierigkeiten, seine Wohnung zu verlassen, weil er immer ein „unbefriedigendes Gefühl" dabei hatte. Das war auch dann der Fall, wenn er eine angenehme Unternehmung wie einen Besuch bei der Freundin vorhatte. Er fing dann an, alles Mögliche zu kontrollieren. Diese Kontrollen hatten in Wirklichkeit zum Ziel, einen anderen, zufriedenstellenderen Zustand in ihm selbst herzustellen. Das sah dann ungefähr so aus: Frank verließ das Haus und schloss die Wohnungstür ab. Wie so häufig beschwerte er sich, dabei

12.4 · Welche innere Einstellung hilft Ihnen, Ihre Zwänge zu überwinden?

„nichts Rechtes zu empfinden". Er spürte sich weder vor der Tür noch wenn er sie zugemacht hatte, noch beim Abschließen, noch wenn er schließlich im Hausflur stand. Alles war so vage und unbefriedigend, dass er nicht das Gefühl hatte, einen Verhaltensabschnitt ordnungsgemäß absolviert zu haben, sodass das Leben organisch weitergehen konnte.

Nehmen wir nun einen anderen Ablauf: Frank steht in der Wohnung vor seiner Wohnungstür. Es ist Samstag, 14:30 Uhr. Er sieht sich die Tür an und bemerkt wieder den rissigen braunen Farbanstrich, der am unteren Teil fast ganz abgeblättert ist. „Ich muss sie dringend streichen, wie so manches in der Wohnung", sagt er sich. „Spätestens im Frühjahr werde ich mich daranmachen." Die Freundin hat versprochen, ihm dabei zu helfen. Das kann vielleicht ganz nett werden, trotz der Plackerei. Er wird jetzt die Wohnung verlassen, um zu ihr zu fahren. Gegen 15:15 Uhr wird er bei ihr sein, und er freut sich darauf. Letzten Samstag war das Treffen etwas misslungen wegen des Streits über die nächsten Ferien. „Heute werden wir alles Notwendige in Ruhe klären", nimmt er sich vor, und auch, sie nicht ständig zu unterbrechen, um sich durchzusetzen. Frank spürt den Boden unter seinen Füßen. Er setzt sich den klaren Vorsatz: „Ich werde unter allen Umständen beim Hinausgehen die Tür klar und energisch abschließen." Er atmet tief ein, ballt dabei die Fäuste und entspannt sie wieder beim Ausatmen. Er geht auf die Tür zu, legt die Hand auf die Klinke und öffnet sie mit einer beherzten Bewegung. Er hat seinen Feierabend mehr als verdient. Er hat seit 9 Uhr an der Vorbereitung seiner nächsten Klausur geschuftet und ist gut vorangekommen. Er ist stolz auf sich, aber auch froh, jetzt endlich aus dem Haus zu kommen. Die Sonne scheint, und er freut sich auf den Spaziergang, den sie später machen werden. Nur raus hier! Er schließt die Tür, fast wirft er sie zu. Nun schließt er ab, zweimal, rund und energisch. So, zu. Er nimmt die Stufen fast im Laufschritt. Draußen ist es hell, nicht wie in dem vergammelten Hausflur. Vor morgen früh muss er ihn nicht mehr sehen.

Versuchen Sie so häufig wie möglich, sich ganz bewusst in einen Zustand zu versetzen, bei dem Sie die Dinge draußen, aber auch das, was in Ihnen vorgeht, bewusst wahrnehmen. Spürübungen, Muskel- und Atemübungen verbessern die geistige Spannkraft. Setzen Sie sich einen hilfreichen Vorsatz. Dann führen Sie das, was zu tun ist, voll bewusst und zügig durch. Das Ergebnis wird sein, dass Sie viel weniger von Störungen in Form von Zwangsgedanken oder -befürchtungen heimgesucht werden und infolgedessen auch besser auf Zwangshandlungen verzichten können.

Spür-, Muskel- und Atemübungen nutzen

- **Lassen Sie andere Menschen möglichst aus Ihren Zwängen heraus**

In dem Maße, in dem Sie Ihren Zwang besser kennenlernen, die für Sie kritischen Situationen bewusster erleben und eine gewisse innere Distanz zu Ihren Gedanken erlangen, sollten Sie auch in der Lage sein, immer mehr die Verantwortung für die eigene, (noch) zwanghafte Sicht der Welt zu übernehmen. Das könnte z. B. so aussehen:

Verantwortung für die eigene Weltsicht

Wenn ich in den Supermarkt einkaufen gehe, kommen mir die üblichen Gedanken über die mögliche Verunreinigung der Waren, sagen wir dieser Mineralwasserflaschen. Dies ist einer meiner typischen Zwangsgedanken. Er sagt etwas darüber aus, dass ich noch an einem Zwang leide. Er sagt nichts aus über den Zustand der Welt oder dieser Flasche. Wenn ich mich (im Zwang) verpflichtet fühle, die Flasche feucht abzuwischen, bevor sie ihren Platz in der Küche findet, so muss ich das verantworten. Das gibt mir nicht das Recht, dieselbe Prozedur von meiner Partnerin zu verlangen.

Sie ist nicht von einem Zwang betroffen. Sie erlebt die Welt anders, so wie die meisten Menschen. Auch wenn mir tausend Gedanken kommen über eine mögliche Kontaminierung der Wohnung, so sind dies wiederum meine Gedanken. Meine Partnerin hat sie nicht. Ich habe nicht das Recht, sie nach meinen Gedanken funktionieren zu lassen, auch wenn es mir sehr schwerfällt.

Ich muss mich wirklich nicht schämen oder mir Vorwürfe machen. Ich veranstalte das alles ja nicht, um andere zu ärgern, zu kränken oder um ihnen das Leben schwer zu machen. Ich bin auch nicht bewusst darauf aus, Macht über andere und ihr Leben zu gewinnen, obwohl so etwas durchaus dabei herauskommen kann. Aber ich habe andere aus meinen eigenen Problemen herauszulassen. Ich kann sie nicht ständig in den gestörten Teil meiner selbst einbeziehen. Das ist nicht länger tolerierbar, und damit muss Schluss sein.

12.5 Irrtümer und Wahrheiten: Häufig gestellte Fragen

Irrtümer und Wahrheiten in Bezug auf Zwangserkrankungen lassen sich am besten durch die Beantwortung von Fragen unterscheiden, die uns häufig gestellt werden. Die wichtigsten behandeln wir hier.

> „Ich habe Ihnen meine Probleme geschildert. Was ist mit mir los? Bin ich krank?"

12.5 · Irrtümer und Wahrheiten: Häufig gestellte Fragen

Was Sie mir geschildert haben, kann man in der Tat eine „seelische Störung" oder, wenn Sie so wollen, eine „Krankheit" nennen. Aber dieser Ausdruck soll Sie nicht erschrecken. Genau wie beim Menschen einige seiner Organe, wie das Herz oder die Leber oder die Wirbelsäule, in ihrer Funktionsweise gestört sein können, kann auch seine „Seele" zeitweilig aus dem Gleichgewicht geraten. Er leidet dann gehäuft an unangenehmen Gefühlen wie Angst, Ekel oder Niedergeschlagenheit, er erlebt sich in seinem täglichen Leben als überfordert oder zeigt ein Verhalten, das ihm selbst oder anderen als „nicht normal" vorkommt. Dabei können andere Bereiche seines Innenlebens und seines Verhaltens davon völlig unbetroffen sein. Tritt ein solcher Fall zeitweilig ein, so sprechen wir von einer seelischen Störung oder von einer psychischen Erkrankung. Die meisten sind übrigens vollständig zu heilen, wie bestimmte körperliche Erkrankungen auch, ja in einigen Fällen verschwinden sie sogar von selbst, d. h. ohne gezielte professionelle Hilfe. Man könnte sagen, der Mensch hat seine Krise überwunden, oder auch: Das Leben als solches, oft in Form von menschlichen oder anderen günstigen Umständen, hat ihn geheilt. In anderen Fällen bedarf es einer gezielten Hilfe, etwa in Form einer Therapie.

Seelische Störungen sind heilbar

» „Sind bei Zwangserkrankungen Teile des Körpers zerstört? Sind meine Nerven kaputt? Ist mein Gehirn ganz oder teilweise außer Funktion gesetzt?"

Alles, was sich beim Menschen im Erleben und im Verhalten abspielt, hat auch eine Beziehung zu seinem Körper, besonders zum Gehirn. Man spricht deshalb auch von der Leib-Seele-Einheit.

Vorweg: Kein Teil Ihres Körpers ist zerstört, Ihre Nerven sind nicht kaputt, und Ihr Gehirn ist nicht außer Funktion gesetzt. Es wurde lediglich festgestellt, dass mit einer Zwangserkrankung bestimmte ungewöhnliche Prozesse im Gehirn einhergehen. So ist der Stoffwechsel in einem bestimmten Teil deutlich erhöht. Das zeigt an, dass dort eine vermehrte Aktivität stattfindet. Diese Gehirnanteile sind verantwortlich für uralte Verhaltens- und Denkmuster, die im Wesentlichen dem Schutz und der Absicherung dienen. Auch Kontrollmechanismen anderer Gehirnteile, die diese älteren Zentren dämpfen und in ihrer Auswirkung auf das Erleben sozusagen „an der Kandare halten", verlaufen nicht optimal. Insofern haben auch Zwänge eine gewisse Basis in unserem Gehirngeschehen, wie übrigens jedes andere menschliche Erleben auch, doch die meisten anderen Abläufe verlaufen auch bei Zwangskranken völlig normal. Interessanterweise haben Forscher herausgefunden, dass die Unregelmäßigkeiten im Gehirn voll rückgängig zu machen sind, z. B. durch eine erfolgreiche Verhaltenstherapie.

> „Leide ich an einer Geisteskrankheit? Bin ich verrückt oder dabei, es zu werden?"

Zwangsstörungen sind keine Psychosen

Solche Fragen drücken eine tief greifende Verunsicherung bezüglich des eigenen Zustandes und der eigenen Zukunft aus. An dieser Stelle dürfen wir Sie mit gutem Gewissen beruhigen: Zwangserkrankungen werden nicht zu den „Geisteskrankheiten", den sogenannten Psychosen, gerechnet und bilden auch kein Vorläuferstadium dazu. Beide Störungen sind völlig unabhängig voneinander. Wenn Sie an einer Zwangsstörung leiden, sind Sie also nicht verrückt und auch nicht dabei, es zu werden.

> „Kann ich heiraten, Kinder in die Welt setzen, einen normalen Beruf ausüben? Bin ich überhaupt noch zurechnungsfähig?"

Sie sind voll zurechnungsfähig und können ein ganz normales Leben führen, siehe oben. Nur manchmal merken Sie, dass die Zwangsgedanken und -handlungen Sie dabei stören, sowohl bei Ihren Beziehungen wie auch bei der Arbeit. Die Hartnäckigkeit, mit der Ihre Erkrankung Sie „zwingt", kurzfristig falsche Ziele zu verfolgen, erweist sich manchmal als sehr störend. Insofern kann die Zwangskrankheit eine Erschwernis bilden – umso wichtiger, dass Sie etwas dagegen unternehmen.

> „Ich fühle mich oft so zerrissen. Auf der einen Seite muss ich bestimmte Dinge denken und tun, auf der anderen Seite finde ich sie oft geradezu unsinnig. Bedeutet das nicht, dass ich eine ‚gespaltene Persönlichkeit' bin, d. h. schizophren?"

Zwangskranke sind nicht schizophren

Zwangserkrankungen sind keine Form der Schizophrenie. Beide Krankheiten sind völlig unabhängig voneinander. Das Gefühl der inneren Zerrissenheit drücken viele Betroffene in der einen oder anderen Form aus. Es betrifft einmal das, was Sie eben gesagt haben: Auf der einen Seite gibt es die Gedanken und Handlungen, von denen Sie glauben, sie denken und tun zu müssen. Auf der anderen Seite haben Sie eine mehr oder weniger große Distanz dazu, d. h., Sie erleben sie als übertrieben oder gar als unsinnig.

Sie sind sozusagen gezwungen, gleichzeitig in zwei Welten zu leben und sie unter einen Hut zu bringen: auf der einen Seite das normale Leben mit seinen Aufgaben und Anforderungen, auf der anderen Seite das, was Ihre Krankheit, d. h. der Zwang, Ihnen auferlegt. Je nach Situation tritt die eine oder die andere Seite mehr in den Vordergrund. Sie haben dann den Eindruck, dass Sie eine „gespaltene Persönlichkeit" sind, aber das hat nichts mit einer Geisteskrankheit zu tun, sondern ist ein ganz normales Empfinden, das Ihre schwierige Lage wiedergibt.

12.5 · Irrtümer und Wahrheiten: Häufig gestellte Fragen

> „Ich fühle mich manchmal so niedergeschlagen, geradezu depressiv. Wird das immer so sein oder schlimmer werden?"

Ein großer Teil der Zwangskranken leidet sehr häufig an depressiven Verstimmungen. Sie sind teilweise ein Ergebnis der vielen Verzichte, die der Zwang den Betroffenen im täglichen Leben auferlegt, und der Freudlosigkeit, die dadurch entsteht. Zum anderen fühlen vom Zwang Betroffene sich häufig erschöpft und haben das Gefühl, den ständigen Anforderungen, die die Zwangserkrankung mit sich bringt, nicht mehr gewachsen zu sein. Sie glauben dann, nie mehr ein befriedigendes Leben führen zu können, und das kann zu Niedergeschlagenheit bis hin zur seelischen Depression führen.

Depressivität als Folge der Erkrankung

Die Stimmung bessert sich dann, wenn die Zwangserkrankung sich bessert. In einigen Fällen muss die Depression gesondert medikamentös oder psychotherapeutisch behandelt werden.

> „Ich habe manchmal das Gefühl, nicht mehr richtig zu leben und wie ein Automat durch die Gegend zu laufen. Warum ist das so?"

Diese Empfindung haben viele Zwangskranke. Sie ist ein integraler Bestandteil der Störung. Es ist das Gefühl, innerlich wie leer oder zumindest blockiert zu sein oder, anders ausgedrückt, keine ganze, voll lebendige Person zu sein. Wir nennen diesen von den Betroffenen empfundenen Zustand auch „Depersonalisation". Manchmal kommt ihnen auch die Umgebung, in der sie sich gerade bewegen, irreal, unscharf und unwirklich vor. Dann sprechen wir von „Derealisation".

Diese Empfindungen entstehen zum Teil dadurch, dass normale Gefühle nicht mehr voll zur Entfaltung kommen, weil sie immer wieder überlagert werden durch die „falsche Ordnung", die durch die Unterwerfung unter die Diktate des Zwanges kurzfristig entsteht.

Gefühl der Leere und Unwirklichkeit

Diese Krankheitsempfindungen werden in dem Maße zurückgehen, in dem es gelingt, den Zwang abzubauen. Wichtig dabei ist: Betroffene haben die Fähigkeit, sich wieder voll lebendig und die Welt als reich und bunt zu empfinden. Sie ist nicht ein für alle Mal verloren, sondern kommt lediglich zeitweilig nicht zur Entfaltung.

> „Ich fühle mich oft so unsicher, auch im Zwang, z. B. beim Kontrollieren oder beim Waschen. Ich weiß dann nicht, ob ich etwas wirklich getan habe oder ob ich es mir eingebildet habe, oder ich habe das Gefühl, etwas ‚nicht richtig' getan zu haben. Können Sie das verstehen?"

Hier sprechen Sie eines der Zentralphänomene der Zwangserkrankung an. Diese Empfindung wurde zum ersten Mal von dem großen französischen Psychologen Pierre Janet (1859–1947)

Unvollständigkeitsgefühl als zentrales Symptom

beschrieben. Wir nennen sie „Unvollständigkeitsgefühl". Die Betroffenen haben die Empfindung, dass ihre seelischen Aktivitäten bis hin zum Verhalten „unvollständig" sind, und sie haben je nach Situation viele Beschreibungen und Bilder, um dieses Gefühl auszudrücken. Ihnen allen ist die Klage gemeinsam, dass sie in kritischen Situationen kaum etwas, was sie tun, denken oder fühlen, als ganz und vollständig empfinden. Es fehlt immer etwas, das ihnen die Sicherheit vermitteln würde, dass der entsprechende Akt – etwa die Kontrolle eines Haushaltsgerätes oder ein Waschvorgang – als vollendet oder abgeschlossen gelten kann. Das quält sie permanent und ist in schweren Fällen einer der Motoren für die Übertreibungen und Entgleisungen, die für die Zwangserkrankung typisch sind. Dann sind besondere therapeutische Maßnahmen unentbehrlich.

> „Gibt es die reale Gefahr, dass ich die schrecklichen Dinge, die mir durch den Kopf gehen, auch wirklich tue?"

Die Antwort ist: Nein (▶ Abschn. 8.5.1).

> „Manchmal habe ich Erlebnisse, die sicher kein Mensch verstehen würde. So das absurde Empfinden, dass ich nicht ganz bin, dass etwas an mir fehlt usw. Haben auch andere Menschen solche Gefühle?"

Sie sind nicht allein!

Denken Sie an das, was wir über Unvollständigkeitsgefühle gesagt haben. Solche Empfindungen können eine extreme Form annehmen, sodass der Betroffene selbst sie nicht versteht und sich nicht traut, jemandem seine Erlebnisse mitzuteilen, unter Umständen nicht einmal seinem Therapeuten. Um Ihnen zu zeigen, dass Sie auch damit nicht allein sind, möchten wir Ihnen den Bericht eines Patienten zur Kenntnis bringen:

> Ich habe mich eben angezogen, um das Haus zu verlassen, und will einen letzten Blick in den Spiegel werfen. Alles in Ordnung, aber dann fängt es an. Ich bleibe wie angewurzelt stehen und kann nicht weg. Was ist es? Es fehlt etwas. Ich schaffe es nicht, mich einheitlich, ganzheitlich zu spüren. Es fehlt etwas.
>
> Unter dem Einfluss dieser Gefühle fange ich an, mich zu fragen: „Kann es sein, dass etwas nicht abgeschlossen ist, habe ich etwas nicht ganz oder richtig gemacht?" Manchmal versuche ich mich genau zu erinnern, aber es fällt mir meist kein mögliches Versäumnis ein. Das Gefühl bleibt.
>
> Ich erreiche mich selbst nicht auf eine zufriedenstellende Art und Weise. Es fehlt etwas. Dann wird mir bewusst, dass ich ja vor dem Spiegel stehe. Dann kommt mir der Gedanke: „Vielleicht bist du nicht ganz aus dem Spiegel heraus-

gekommen." Ich muss gestehen, dass ich mir in einem solchen Augenblick kaum vor Augen führe, wie hirnrissig dieser Gedanke ist. Ja, ich habe sogar erlebt, dass mir der Gedanke beim nächsten Mal vor dem Spiegel ganz schnell und automatisch gekommen ist. Was soll ich tun? Ich versuche, ganz richtig aus dem Spiegel herauszukommen, respektive das Gefühl dafür zu bekommen. Was soll ich auch anderes tun?

Sie sehen, auch mit solchen Erlebnissen stehen Sie nicht allein da, und auch sie bilden immer noch das Symptom einer Zwangserkrankung.

Die Angehörigen im Umgang mit den Zwangskranken

Inhaltsverzeichnis

13.1 Der Fall Sabine – 152

13.2 15 Regeln für den Umgang mit Betroffenen – 159

© Der/die Autor(en), exklusiv lizenziert durch Springer-Verlag GmbH, DE, ein Teil von Springer Nature 2021
N. Hoffmann, B. Hofmann, *Wenn Zwänge das Leben einengen*,
https://doi.org/10.1007/978-3-662-62267-4_13

Kaum einer Krankheit steht ein Angehöriger so hilflos gegenüber wie der Zwangserkrankung. Und oft kommt es doch entscheidend auf sein oder ihr Verhalten an. Zu Beginn möchten wir der Mutter einer Patientin das Wort geben. Wir haben sie gefragt, ob sie nicht ihre eigenen Erfahrungen im Umgang mit der Krankheit ihrer Tochter niederschreiben möchte. Ihren Text haben wir nicht verändert.

13.1 Der Fall Sabine

„Sabine war eigentlich ein ganz normales Kind. Mein Mann und ich hatten sie uns gewünscht, und weder während der Schwangerschaft noch bei der Geburt hatte ich irgendwelche Probleme. Sie hatte die üblichen Kinderkrankheiten, aber es gab nie Komplikationen. Sabine war schon immer sehr ernsthaft und sensibel. Wir wohnten damals in einer kleinen Stadt in Niedersachsen. Mein Mann war beruflich oft auf Reisen, und so lag der größte Teil der Erziehung bei mir. Vor Sabines Geburt war ich berufstätig, dann widmete ich mich ganz meiner Tochter.

In der Grundschule hatte Sabine nie irgendwelche Probleme; sie zeigte gute Leistungen, und auch in der Klassengemeinschaft war sie gut integriert. Sie wechselte mit der 5. Klasse aufs Gymnasium. Sie war sehr gewissenhaft und fleißig.

Erste Krankheitsanzeichen

Das Erste, was mit der Krankheit in Zusammenhang gestanden haben könnte – aber das wurde mir auch erst im Nachhinein klar –, war die starke Reaktion auf den Tod eines ehemaligen Schulkameraden aus der Grundschule. Er war an Leukämie gestorben. Sabine war sehr geschockt, als sie davon erfuhr. Wenn das Gespräch in der nächsten Zeit irgendwie auf die Familie oder den Jungen selbst kam, so blockte sie sehr schnell ab, wurde traurig und fing an zu weinen. Damals war sie ungefähr 13. Überhaupt reagierte sie sehr allergisch auf das Thema Tod und Krankheit. Aber wir erklärten es uns mit den üblichen Schwierigkeiten in der Pubertät, mit ihrer Sensibilität usw.

Eines Tages erklärte sie, sie wolle nicht mehr den alten Weg zur Schule nehmen. Als ich sie fragte, warum sie denn plötzlich den anderen Weg nehmen wolle, der zehn Minuten länger dauerte, gab sie mir zunächst keine Antwort, und ich ging der Frage nicht weiter nach.

Als ich sie einige Tage später mit dem Auto in die Schule fahren wollte und ich routinemäßig den alten Weg einschlug, reagierte Sabine unverhältnismäßig aggressiv. Sie könne diesen Weg nicht nehmen. Ich verstand das überhaupt nicht und fragte noch einmal, was sie denn nur gegen diesen Weg habe. Schließlich meinte sie widerstrebend, das bedeute Unglück.

13.1 · Der Fall Sabine

Auf meine weiteren Fragen, wieso das denn Unglück bedeute, kam schließlich heraus, dass sie den Weg nicht nehmen könne, weil man da am Friedhof vorbeimüsse.

Im Laufe der Zeit häuften sich die Eigenarten in ihrem Verhalten: Sie bat mich, den einen oder anderen Namen nicht mehr in ihrer Gegenwart zu gebrauchen, weigerte sich, einer Bekannten von mir die Hand zu geben oder sich gar mit uns an den Tisch zu setzen. Früher, als Kind, hatte sie sie allerdings sehr gerne gehabt.

Sie begann, sich häufig die Hände zu waschen, besonders die rechte Hand, aber ich sah darin nichts Besonderes. Wir alle waschen uns die Hände. Kam mir das Waschen doch einmal sehr lange vor und fragte ich Sabine, warum sie denn so lange am Waschbecken stehe, meinte sie nur, ihre Hand sei schmutzig – was ja wiederum nur ein Grund ist, sich die Hände zu waschen.

Sie vermied es, in die Zeitung zu schauen oder in einer Illustrierten zu blättern. Wenn meine Mutter bei uns zu Gast war, die mit Vorliebe sogenannte Klatschblätter liest, weigerte Sabine sich, diese anzufassen. Kam bei Tisch etwa die Rede auf irgendeinen Krankheits- oder Todesfall, sprang sie auf und verließ den Raum.

Sprach ich mit meinem Mann über Sabines Eigenarten, so tat er es als Marotten ab, als pubertäre Erscheinungen, als kleine Mittel, um sich wichtig und interessant zu machen. Das seien doch Kleinigkeiten, und im Grunde gab ich ihm recht.

Gingen wir gemeinsam durch die Stadt, fiel mir auf, dass sie bestimmte Geschäfte mied, dass sie bestimmte Straßen sehr ungern nahm, dass sie oft zurückblieb, fast gedankenverloren, und auf mein Rufen gar nicht reagierte. Sie weigerte sich, mit auf Klassenfahrt zu gehen, das bringe ihr keinen Spaß. Überhaupt fing sie an, sich ein bisschen zu isolieren. Sie weigerte sich plötzlich, Kosmetika einer bestimmten Marke zu verwenden, und schmiss die noch halb vollen Tuben einfach weg.

Das mag vielleicht den Eindruck erwecken, Sabine und ich hätten kein gutes Verhältnis gehabt und im Grunde hätte ich sehr wenig von meiner Tochter gewusst. Aber Sabine und ich verstanden uns sehr gut, und bis auf ihre Eigenarten, ihre ‚Macken', wie mein Mann es zu nennen pflegte, sprachen wir eigentlich über alles.

Natürlich nahm ich Rücksicht auf sie, es kostete mich ja nicht allzu viel, diesen oder jenen Namen nicht in den Mund zu nehmen, den einen oder anderen Umweg zu fahren oder sie von der Klassenfahrt zu entschuldigen. Aber nach und nach merkte ich auch noch etwas anderes. Ich spürte, dass da mehr dahintersteckte als schiere Marotten. Sabine ging es nicht gut. Sie war angestrengt, angespannt, noch ernster als sonst. Anfangs entschuldigte ich auch das als Schulstress, der mit dem

Häufung von Verhaltenseigenarten

Hilflose Eltern

Eintritt in die 10. Klasse zusammenhing, obwohl ihr die Schule eigentlich immer leichtgefallen war und sie nach wie vor gute Leistungen zeigte. Als Sabine anfing, sich nicht mehr die Haare zu bürsten, glaubte mein Mann immer noch, das sei nur so eine Mode, ein bisschen gammelig würde doch jeder mal rumlaufen.

Ich stellte sie zur Rede, und wir hatten erst einen heftigen Streit, wie schon so oft, wenn es um ihre Eigenarten ging. Ein Wort gab das andere, sie warf mir vor, ich wisse ja im Grunde gar nicht, wie es in ihr aussehe, wie sie kämpfen müsse, wie viel leichter es all die anderen hätten, die so leben könnten, wie sie wollten. Ich ließ nicht locker und fragte nach, und es war wohl das erste Mal, dass Sabine mir von ihrem Zwang erzählte.

Sie selbst nannte es nicht Zwang – dass man diese Krankheit so nennt, lernten wir beide erst später –, sie sprach von Regeln, die dann in Kraft träten, wenn bestimmte Dinge einträfen. Sie müsse sich an diese Regeln halten, damit es nicht zu einem furchtbaren Unheil komme.

Kampf mit Krankheits- und Todessymbolen

So fügte sich eines zum anderen, und nach und nach wurde mir ihr Verhalten, das das Ergebnis komplizierter Regeln und Vorschriften war, ein bisschen verständlicher: Sabine glaubte, dass alles, was mit Krebs oder Tod zusammenhing, Unglück bedeutete. Und zwar nicht nur dann, wenn es, flapsig gesagt, für uns alle Unglück bedeutet – also wenn wir daran erkranken oder sterben –, sondern auch, wenn sie mit Symbolen für Tod und Krebs in irgendeiner Form in Berührung kam: wenn sie am Krankenhaus oder am Friedhof vorbeiging, wenn sie von einem Krankheits- oder Todesfall las oder hörte oder wenn sie etwas, was in irgendeinem Zusammenhang mit diesen beiden Sachen stand, berührte. Sabines Regelwerk griff aber so weit, dass auch all die Leute, die jemals einen tragischen Todesfall in der Familie gehabt hatten, Unglück bedeuteten. Und nicht nur die Personen als solche, sondern ihr Name, die Straße, in der sie wohnten usw. Wenn ihr diese Personen besonders viel ausmachten, d. h., wenn sie besonders oft an sie denken musste, standen auch alle ihre Sachen, wie Autos, Kleidung etc., für Unglück. Und Sabine befürchtete nicht nur, dass ihr selbst, sondern auch, dass mir, meinem Mann oder meiner Mutter etwas zustoßen könnte, unter Umständen einzig und allein dadurch, dass sie daran dachte. Sie glaubte, das Unglück abwenden zu können durch Waschen, Wiederholen von bestimmten Handlungen oder durch eine Reihe anderer ‚Zaubermittel', die ich nicht näher beschreiben will.

Ich wusste zwar jetzt ein bisschen mehr über die Gründe für Sabines Verhalten, aber diese Gründe waren so fremd, so furchtbar und für einen Außenstehenden gleichzeitig so unwirklich, dass mich mein Wissen nur noch hilfloser machte. Natürlich sagte ich Sabine, dass das doch gar nicht sein könne, dass es so etwas doch gar nicht geben könne, dass man doch

13.1 · Der Fall Sabine

niemandem durch das Denken bestimmter Gedanken schaden könne und dass sie uns doch, um Himmels willen, nicht zu schützen brauche. Aber überzeugen konnte ich Sabine nicht.

Ratlose Eltern

Ich konnte all das nicht einordnen. War Sabine krank, oder war es nur eine vorübergehende Erscheinung? War es eine körperliche Krankheit? War meine Tochter verrückt? Hatte sie, wie man so sagt, ‚nicht alle Tassen im Schrank'? Ich lag nächtelang wach, grübelte, was ich falsch gemacht haben könnte in der Erziehung. Sie hatte doch immer alles gehabt. Hatte ich Sabine etwa zu sehr verwöhnt? Oder war sie körperlich krank? Hatte sie einen Tumor, eine Erbkrankheit, eine schleichende Krankheit, die sie nach und nach verrückt werden ließ? Oder wollte sie sich einfach wichtigmachen? War es gar nichts?

Mit meinem Mann konnte ich nicht darüber sprechen, für ihn waren das einfach Hirngespinste, auf die man am besten gar nicht eingehen sollte, dann würden sie schon von allein wieder vergehen. Ich fühlte mich allein und hilflos, ich hatte Schuldgefühle und war gleichzeitig wieder versucht, meinem Mann Glauben zu schenken.

Zwischen Sabine und mir gab es oft Streit, sie war aggressiv, und auch ich versteckte meine Hilflosigkeit oft hinter Gereiztheit und Vorwürfen. Warum konnte sie sich denn nicht einmal zusammennehmen? Dann würde sie doch sehen, dass von all ihren Befürchtungen keine eintraf! Dass sie alle null und nichtig waren.

Ebenso wie Sabine versuchte auch ich, nach außen hin alles zu vertuschen. Es sollte alles normal erscheinen, so als ob nichts wäre. Wir würden die Schwierigkeiten schon allein bewältigen, vermutlich würde es ja auch niemand verstehen.

Gut gemeinte Hilfen

Mittlerweile war auch ich schon halb angesteckt. Ich dachte zwar nicht, dass das alles Unglück bedeutete, aber ich dachte, dass es Sabine nicht sehen durfte. Ich hielt alles, von dem ich wusste, dass es für sie etwas Schlimmes bedeutete, von ihr fern. Kam eine Todesanzeige mit der Post, dann legte ich sie beiseite, sodass Sabine sie nicht zu Gesicht bekam. Nannte mein Mann einen der bewussten Namen, bedeutete ich ihm, er solle doch bitte still sein.

Ich nahm Sabine auch vieles ab und erledigte es für sie. Ich kaufte für sie ein, füllte für sie Formulare aus, machte wieder ihr Bett, packte ihre Schultasche, denn auch bei all diesen Tätigkeiten hatte sie Schwierigkeiten. Ich kämmte ihr sogar die Haare.

Einmal kam eine der bewussten Personen bei uns vorbei. Sabine öffnete die Tür. Doch statt unsere Bekannte zu begrüßen, schlug sie ihr die Tür vor der Nase zu und rannte in ihr Zimmer. Die Bekannte wusste natürlich nicht, wie ihr geschah, und – objektiv gesehen – war Sabines Verhalten äußerst seltsam und unhöflich. Aber ich konnte ja schlecht sagen: ‚Ach, wissen Sie, meine Tochter glaubt, Sie bedeuten Unglück …‘ Stattdessen entschuldigte ich Sabine, ihr sei heute nicht so recht gut.

Nach solchen Szenen kam es oft zum Streit zwischen meiner Tochter und mir. Ich machte Sabine Vorwürfe, sie könne sich doch nicht so verhalten, die Frau habe ihr doch nichts getan, sie solle doch endlich aufhören. Ob sie denn wohl keine Rücksicht nehmen könne? Sabine wiederum hielt mir vor, ich hätte überhaupt kein Verständnis für sie, ich hätte ja keine Ahnung. Meist gab es bei uns beiden Tränen. Ich wollte ihr doch helfen und war doch so hilflos. Aber ich glaubte noch immer, dass Sabine es mit unserer Hilfe schaffen würde, wieder normal zu denken und normal zu leben.

Unser Familienleben hatte sich durch Sabines Störung verändert. Es hatte an Unbeschwertheit verloren. Zwischen meinem Mann und mir kam es öfter zu Spannungen, weil er der Meinung war, ich ließe mir von Sabine zu viel bieten, ich nähme zu große Rücksicht auf sie, auf die Art lerne sie es nie. Sabine wiederum hatte zu ihrem Vater auch ein sehr gespanntes Verhältnis, da sie glaubte, er missverstehe sie und lehne sie ab.

In der Klasse war Sabine immer isolierter. Von ihrer alten Clique hatte sie selbst sich distanziert – man hatte sie mehrmals nachgemacht, als sie einen bösen Gedanken vertreiben wollte, natürlich ohne dass einer geahnt hätte, was das zu bedeuten hatte. Außerdem meinte sie, das sei immer alles so schwierig.

Auch an mir selbst bemerkte ich die Tendenz, mich nach außen hin abzuschotten, damit nicht auch noch daraus Probleme entstünden. Man könnte sagen, ich war abhängig von Sabines Zustand. Ging es ihr gut, hatte sie auch weniger Ängste, ging es ihr schlechter, hatte sie auch größere Schwierigkeiten mit ihren bösen Gedanken. Natürlich war ich bemüht, alles so zu machen, dass es ihr gut ging, dass sie möglichst wenig Probleme hatte. Denn dann ging es mir ja auch besser, und ich machte mir weniger Sorgen.

Ich haderte oft mit meinem Schicksal. Warum gerade wir? Warum hatten gerade wir diese Probleme? Ich fand keine Antwort. Und immer wieder die Frage: Was habe ich als Mutter falsch gemacht?

Auch unsere näheren Bekannten merkten, dass es Probleme gab, aber ich vertraute mich niemandem an. Sabines Gefühle und Verhalten waren mir selbst schon so fremd, dass ich es nicht wagte. Ich glaubte auch, dass es niemand verstehen könnte. Außerdem war da meine Scheu, ‚ins Gerede‘ zu kommen. Ich wollte nicht, dass man sich fragte, ob bei meiner Tochter im Kopf etwas nicht stimmte.

13.1 · Der Fall Sabine

Gut gemeinte Gespräche

Ich sprach oft mit Sabine über ihre Probleme, versuchte ihre Befürchtungen zu zerstreuen, ihr wieder und wieder klarzumachen, dass es das doch gar nicht geben könne. Meist war das abends, wenn Sabine im Bett war; dort fühlte sie sich am sichersten, und wir konnten auch ruhig über alles sprechen. Ich glaubte ja immer noch fest, wir könnten es ohne fremde Hilfe schaffen. Denn das wahrhaft Teuflische an dieser Krankheit ist, dass es eigentlich nur Befürchtungen sind, die der gesunde Menschenverstand einfach ausschließt. Im Grunde ist es gar nicht schlimm, denkt man. Ich muss sie nur endlich davon überzeugen, dass es falsch ist, wie sie denkt, und schon ist sie wieder ganz die Alte, schon ist sie wieder ganz normal.

Ich bin oft von ihrer Bettkante aufgestanden und habe gedacht: ‚Jetzt hat sie's, jetzt glaubt auch sie nicht mehr daran', und kaum hatte ich die Tür hinter mir geschlossen, hörte ich, wie sie von Neuem böse Gedanken vertrieb.

Meiner besten Freundin, die nicht in derselben Stadt lebte, hatte ich, als ich einmal sehr niedergeschlagen war und gar nicht mehr wusste, wie ich Sabine noch helfen konnte, andeutungsweise von den Problemen erzählt. Ich sprach von ‚Stimmungsschwankungen'. Christine meinte, vielleicht leide Sabine an Stoffwechselstörungen. Das könne sich mitunter auch psychisch auswirken. Sie empfahl mir, ein bestimmtes Buch zu kaufen und eine Diät auszuprobieren. Ich sprach mit Sabine darüber, und wir beschlossen, es zu versuchen, wenn es auch sehr kompliziert war und eine völlige Umstellung unserer Gewohnheiten bedeutete. Wir investierten viel Zeit und Geld in diese Diät, ganz zu schweigen von den Hoffnungen, die wir darauf setzten. Es half nichts. Sabine Zustand besserte sich nicht. Die quälenden Gedanken waren immer noch da.

Ohnmächtige Hilfeversuche

Wir versuchten noch eine Reihe anderer Dinge, etwa eine Luftveränderung. Wir klammerten uns an alles, was nur irgendwie helfen konnte. Ich las plötzlich die Lebenshilfeseiten unserer Tageszeitung oder ‚Neues vom Psychomarkt' in den Illustrierten, aber nirgends war ein ähnliches Problem beschrieben. Ich fühlte mich, wenn es auch komisch klingen mag, von der Öffentlichkeit alleingelassen.

Mitunter war ich schon so weit, das alles als normal anzusehen. Bei uns war es eben so, bei anderen Leuten eben anders. Man könnte fast sagen, wir hatten uns daran gewöhnt. Dachte ich allerdings an die Zukunft, verlor ich manchmal den Mut. Was hatte Sabine bloß? Würde sie überhaupt das Abitur schaffen? Was, wenn es immer schlimmer würde und Sabine schließlich kaum mehr das Haus verlassen könnte?

Sabine weigerte sich, zu unserem Hausarzt zu gehen, sich untersuchen zu lassen und mit ihm über ihre Probleme zu sprechen. Sie glaubte, ihr könne sowieso niemand helfen. Schließlich ging ich selbst unter irgendeinem Vorwand zu ihm und fragte ihn am Ende – im Namen einer Freundin – um seine Einschätzung der Situation. Was es denn sein könne, ob es wohl eher körperlich oder seelisch sei? Er meinte, sofern er aus der Ferne überhaupt etwas sagen könne, wäre es gut, einen Spezialisten zu konsultieren, also einen Neurologen oder Psychiater.

Obwohl ich mittlerweile davon überzeugt war, dass es so nicht mehr weitergehen konnte, war mein erster Gedanke: ‚Meine Tochter geht doch zu keinem Irrenarzt, sie ist doch nicht verrückt!', und dann natürlich: ‚Was würden denn die Leute sagen, wenn sie davon erführen?' Gerade in einer Kleinstadt, wo jeder jeden kennt, ist nichts interessanter, als wenn irgendwer verrückt ist und zum Irrenarzt oder gar in die Klinik muss. Und es fällt eben ungemein schwer, sich einzugestehen, dass das eigene Kind seelisch krank sein soll.

Ungefähr zur selben Zeit erfuhren wir, dass mein Mann nach Berlin versetzt werden sollte. Neben anderen Vorteilen sahen wir darin auch eine Möglichkeit, endlich eine Besserung bei Sabine herbeizuführen. Vielleicht hing es ja doch nur mit den Leuten hier zusammen. Vielleicht vergingen ja all die Ängste, die sich ja letzten Endes auf Menschen aus ihrer Umgebung bezogen, wenn sie weit weg von ihnen war, in einer neuen Umgebung, in einer völlig neuen Schule, in einer völlig neuen Wohnung, wo nicht alles mit bösen Gedanken und Befürchtungen behaftet war. Wir schöpften wieder Hoffnung.

Der Wechsel nach Berlin machte uns keine Schwierigkeiten. Mein Mann und ich hatten dort am Anfang unserer Ehe schon einige Jahre gelebt. Die Firma meines Mannes besorgte uns eine schöne Wohnung. Auch Sabine freute sich auf die neue Stadt.

Aber unsere Hoffnungen gingen nicht in Erfüllung: Schon wenige Tage nach dem Umzug merkte ich, dass Sabine nach wie vor unter ihren Gedanken und Ängsten litt, dass sie nach wie vor versuchte, sie zu vertreiben. Und es dauerte nicht lange, da gab es in Berlin ebenso viele ‚Gefahren' wie an unserem alten Wohnort.

Wir waren alle sehr verzweifelt, auch mein Mann tat es nicht mehr einfach ab, sondern war nun überzeugt, dass etwas geschehen müsse. Wir entschlossen uns doch, einen Arzt um Rat und Hilfe zu bitten. Hier in der Großstadt, wo nicht jeder jeden kennt, war das viel einfacher.

Der Facharzt diagnostizierte einen Zwang und riet Sabine zu einer Therapie bei Herrn Dr. Hoffmann. Er machte ihr auch wieder Mut und sagte ihr, dass es durchaus die Möglichkeit einer Heilung gebe. Wir hatten endlich eingesehen, dass Sabine und wir es ohne Anleitung und Unterstützung nicht schaffen konnten, dass es sich um eine wirkliche Krankheit handelte und dass es keine Schande ist, um therapeutische Hilfe zu bitten."

Typischer Krankheitsverlauf

An Sabines Geschichte sehen Sie noch einmal den typischen Verlauf der Zwangserkrankung. Sie beginnt hier im 13. Lebensjahr mit einem schockartigen Erlebnis, dem Tod des Schulkameraden. Sabine reagiert mit der Vermeidung von allem, was mit dem Tod in Zusammenhang steht. Sicherlich beginnen auch zu dieser Zeit die ersten Beschwörungsrituale. Allmählich verdichten sich die Ängste und das Abwehrverhalten zu einem System, das immer mehr um sich greift und das Leben in zunehmendem Maße einengt. Das tägliche Verhalten wird auch immer auffälliger für Außenstehende, in diesem Fall hauptsächlich für die Mutter. Sie kann sich keinen Reim auf all das machen, versucht zu helfen, weiß aber nicht, wie. Wenn sie Sabine darauf anspricht, bekommt sie keine klare Auskunft: Die Tochter weicht aus. Nur nach und nach gibt sie Teile ihrer Ängste Preis, weil der Druck von außen zu groß wird. Am Beispiel des Umgangs der Mutter mit Sabines Krankheit haben Sie den guten Willen, aber auch die Hilflosigkeit von Angehörigen miterlebt.

13.2 15 Regeln für den Umgang mit Betroffenen

Wenn Sie mit einem Zwangskranken zusammenleben, möchten wir Ihnen zum Schluss einige Ratschläge für den Umgang mit ihm oder ihr geben:

1. Wenn Sie den begründeten Verdacht haben, dass jemand in Ihrer Umgebung an einem Zwang leiden könnte und sich Ihnen gegenüber nicht äußert, so sprechen Sie ihn darauf an. Sagen Sie ihm, dass Sie vermuten, er leide an Ängsten, die er sich selbst nicht erklären könne. Im Interesse aller sei es besser, wenn er mit Ihnen darüber rede. Spionieren Sie ihm nicht nach, aber wenn Ihnen immer wieder merkwürdige Verhaltensweisen auffallen, so bringen Sie sie zur Sprache.
2. Geraten Sie nicht in Panik, wenn Ihre Vermutung sich bestätigt. Zwänge sind Krankheiten, deren man sich nicht zu schämen braucht und für die es Hilfe gibt.
3. Suchen Sie nicht die Schuld bei sich selbst oder bei anderen. Zwänge entstehen nicht dadurch, dass jemand etwas falsch gemacht hat. Sie haben viele Ursachen.
4. Versuchen Sie nicht, über Appelle oder moralischen Druck auf den Kranken einzuwirken. Er kann seine Ängste nicht abstellen, indem er sich zusammennimmt, seinen Verstand gebraucht oder sich ablenkt.
5. Wenn der Zwangskranke nicht von seinen Symptomen lassen kann, auch nachdem Sie eingeweiht sind, so stellen Sie nicht die ganze Beziehung infrage. Sagen Sie nicht: „Ich bin es offenbar nicht wert, dass du dir Mühe gibst." Werfen Sie ihm nicht vor, dass Ihre Zuwendung ihm nicht ausreicht, um mit seinen Problemen fertigzuwerden.

Ratschläge für den Umgang mit Zwangskranken

6. Fragen Sie ihn nicht ständig, wie er sich fühlt. Bohren Sie nicht, um genauer zu erfahren, was in ihm vorgeht. Es ist sehr schwer, über eigene Erlebnisse zu sprechen, vor allem dann, wenn sie einem selbst schon schrecklich oder verrückt vorkommen.
7. Lassen Sie sich auf keinen Fall auf immer neue Diskussionen darüber ein, wie groß z. B. eine Ansteckungsgefahr in Wirklichkeit ist oder ob ein Risiko zumutbar ist oder nicht. Sie können niemandem seinen Zwang dadurch ausreden, dass Sie vernünftig mit ihm diskutieren. Der Kranke erlebt die Dinge anders als Sie.
8. Es bedeutet kein Versagen Ihrerseits, wenn Sie einem Zwangskranken mit dem normalen Menschenverstand nicht helfen können.
9. Jeder Kranke versucht seine Ängste so gering wie möglich zu halten. So erwartet er auch von Ihnen, dass Sie sich an seine Regeln halten, um ihn so wenig wie möglich zu belasten. So sollen z. B. auch Sie die Einkaufstasche nicht auf den Tisch stellen, ohne sie vorher abgewischt zu haben. Setzen Sie hier Grenzen. Lassen Sie sich nicht gänzlich in das System hineinziehen. Wenn immer neue Vorsichtsmaßnahmen von Ihnen verlangt werden, so sagen Sie klipp und klar: „Das tue ich nicht!" Und halten Sie sich daran.
10. Das mag grausam klingen, aber vergessen Sie nicht, dass der Kranke die Grenzen von außen spüren muss, um eine Motivation zur Veränderung zu entwickeln.
11. Diskutieren Sie nicht mit ihm über Ihre Entscheidung, und lassen Sie nicht mit sich handeln. Wenn es zu Gefühlsausbrüchen kommt, so versuchen Sie, ruhig zu bleiben, und äußern Sie Ihr Mitgefühl. In der Sache aber bleiben Sie hart.
12. Verfallen Sie nicht in die Sprache des Kranken. Fangen Sie nicht auch an, vom Schimmelpilz an der Türklinke zu sprechen oder vom bösen Nachbarn. Sie sagen einfach: „die Türklinke, vor der du Angst hast" oder „der Nachbar, den du für eine böse Figur hältst".
13. Geben Sie dem Kranken nie das Gefühl, dass Sie ihn „verraten", etwa dadurch, dass Sie ohne sein Wissen mit jemand anderem über seinen Zwang sprechen.
14. In allen Dingen, bei denen der Zwang keine oder nur eine geringe Rolle spielt, sollten Sie mit dem Kranken ganz normal umgehen. Helfen Sie ihm dabei, nicht den Anschluss an das Leben zu verlieren.
15. Sie können nicht die Rolle des Therapeuten übernehmen. Drängen Sie darauf, dass der Kranke Hilfe in Anspruch nimmt. Stellen Sie eine solche Hilfe als etwas ganz Normales dar, dessen er sich nicht zu schämen braucht.

Es ist sicherlich nicht leicht, auf diese Art vorzugehen. Die Natur des Zwangs verlangt ein Verhalten des Partners, das oft in scheinbarem Widerspruch zur Menschlichkeit steht. Aber das ist nur an der Oberfläche der Fall. Auch der Zwangskranke hat seine gesunden Persönlichkeitsanteile, die es zu stärken gilt. Der Krankheit immer wieder nachzugeben hieße, sie sich endlos ausbreiten zu lassen. Und das wäre das Ende aller Menschlichkeit.

Nachwort

Inhaltsverzeichnis

14.1   Sich wieder zum Subjekt des eigenen Lebens machen – 164

14.2   Der Fall Doktor Mumpel – 165

© Der/die Autor(en), exklusiv lizenziert durch Springer-Verlag GmbH, DE, ein Teil von Springer Nature 2021
N. Hoffmann, B. Hofmann, *Wenn Zwänge das Leben einengen*,
https://doi.org/10.1007/978-3-662-62267-4_14

14.1 Sich wieder zum Subjekt des eigenen Lebens machen

Wir haben in diesem Buch viel Elend beschrieben und zeigen müssen, wie Menschen scheinbar gezwungen werden, sich einem Befehlssystem unterzuordnen, das sie über weite Strecken ihres Lebens für unüberwindbar halten. Dabei stehen die Diktate, denen sie folgen, meistens in einem krassen Widerspruch zu ihren wahren Fähigkeiten und zu ihrer wahren Persönlichkeit mit all ihren Bedürfnissen und Werten. Doch dieser gesunde Kern (und das ist das einzig Gute, das man über Zwangsstörungen sagen kann) bleibt hinter dem Gestrüpp von falschen Alarmsignalen und trügerische Sicherheit verheißenden Schutzmaßnahmen voll erhalten und ist, meistens allerdings nach einem oft mühsamen „Entrümpelungsprozess", wieder in der Lage, in den Vordergrund zu treten und das Leben zu steuern. Das wahre Ich mit all seinen Funktionen und Lebenszielen, bislang Objekt der Zwangstyrannei, wird wieder zum Subjekt und übernimmt die Regie. Das ist das Ziel aller Selbsthilfemaßnahmen und der Sinn und Zweck jeglicher Therapie.

Unser Ziel in diesem Buch war es, mit den entmutigenden Irrtümern aufzuräumen („Zwänge führen zu Psychosen, sind unheilbar usw."), Hoffnung aufzubauen oder zu verstärken (Zwänge können abgeschwächt und in vielen Fällen sogar geheilt werden.) Wir wollten auch die wichtigsten Prinzipien positiver Entwicklungsprozesse, vor allem für die Selbsthilfe, aufzuzeigen.

Wer die Vielfalt der Zwangssymptome überblickt, kann auch feststellen, dass manches, das die Zwänge den Menschen als Bedrohung vorgaukeln, bei Lichte betrachtet, befremdliche bis hin zu grotesken Zügen aufweist. Deshalb wollen wir zum Schluss die absurde Tyrannei, die Zwänge zeitweise über die intelligentesten und differenziertesten Menschen ausüben, an einem besonders pointierten (aber nichtsdestoweniger echten) Beispiel aufzeigen. Die folgende kleine Geschichte zeigt aber auch, wie Betroffene schließlich vermögen, wieder „zu sich zu kommen", sich auf sich selbst zu besinnen und sich wieder so wertzuschätzen, dass sie sich von den destruktiven Relikten ihrer Lebensgeschichte befreien können.

Eine kleine Geschichte, die Ihnen zu mehr Distanz zu Ihren Zwängen verhelfen und Sie zu einem anderen Blickwinkel darauf anregen soll. Möge sie Ihnen bei der Auseinandersetzung mit Ihren Problemen Mut machen. Wenn sie zu sich selber stehen, sind Menschen so viel stärker, als sie oft vermuten.

14.2 Der Fall Doktor Mumpel

Dr. Mumpel, ein erfolgreicher und sehr engagierter Arzt, traut sich seit einem halben Jahr nicht mehr in die eigene Praxis. Er lässt sich vertreten und bringt immer neue Ausreden vor. Keiner weiß so recht, was mit ihm los ist.

Dr. Mumpel hat panische Angst davor, irgendwelche, seinen Praxisraum betretende Patienten anzusprechen mit den Worten:

„Donnerwetter, Donnerwetter, Bonifazius Kiesewetter."

Wie es dazu kam? Er saß einmal am späten Abend nach der Arbeit, fast eingeschlafen, vor dem Fernseher. Frau und Kinder waren vorläufig ausgezogen. Es kriselt damals stark in der Ehe und auch sonst fühlte Mumpel sich unwohl, überfordert und lustlos.

Im Spätprogramm wurde ein Film angekündigt, ein blödsinniges Machwerk mit dem Titel: Donnerwetter, Donnerwetter, Bonifazius Kiesewetter. Der Doktor ließ ihn eine Zeit lang über sich ergehen, da kam ihm plötzlich der Gedanke: Wenn meine Patienten mich morgen zu sehr nerven, dann sage ich einfach, Donnerwetter, Donnerwetter, Bonifazius Kiesewetter. Dann bin ich sie los. Irgendwann ging er ins Bett.

Am anderen Morgen war zuerst alles ganz normal. In der Praxis bereitete er sich auf die Arbeit vor. Er sah sich die bereitliegenden Krankenakten an und bemerkte, dass Herr Mutz der erste Patient war. Ein unangenehmer Zeitgenosse, dachte Mumpel, im Grunde kerngesund, aber stets unzufrieden, beschwert sich immer darüber, dass er zu kurz kommt, arrogant bis zum geht nicht mehr. Da durchzuckte ihn der Gedanke, ich könnte ja … Donnerwetter …

Es konnte plötzlich einfach so aus mir herauskommen … Diese schreckliche Vorstellung traf ihn wie ein Blitz …

Wir kennen den üblichen weiteren Ablauf. Er wurde immer unruhiger, versuchte sich dann zu fassen, ließ schließlich Mutz zu sich herein und quälte sich mit ihm über die Runden. Aber der sollte noch zweimal am selben Tag wiederkommen wegen eines Zuckerbelastungstests. Normalerweise erledigt das die Sprechstundenhilfe, aber Dr. Mumpel wurde den Gedanken nicht los: Wenn er mir über den Weg läuft, könnte es sein, dass es mir einfach rausrutscht. Kann ich das ausschließen? Er wurde im Laufe des Tages immer ängstlicher, dann ärgerte er sich wieder über den ganzen Blödsinn. Schließlich war er ganz erschöpft.

Der Zwangsprozess ging seinen Weg. Mumpel bekam nun auch Angst wegen der anderen Patienten. Jede neue Begrüßung wurde zum Albtraum. Was kann ich ausschließen … Wie kann ich ganz sicher sein … Seine Angst vor der Arbeit wurde jeden Tag größer. Am Abend fand er kaum noch Ruhe. Schließlich rief er einen Kollegen an und ließ sich bis zum Wochenende vertreten. Aus dem paar Tagen wurde ein Monat und schließlich ein halbes Jahr. Der Gedanke ließ ihn nicht mehr los und verwickelte ihn in endlose angstvolle Grübeleien. Wenn er sich je so eine Blöße geben würde, wäre das sein beruflicher und sozialer Tod. Die Ärzteschaft würde mit dem Finger auf ihn zeigen, die Familie im Elend landen und das alles wegen seines Versagens (Betroffene kennen nur zu gut die katastrophisierenden Bestrafungsszenarien, mit denen sie sich oft abquälen müssen). Schließlich suchte er mich (N.H.) auf.

Wir haben an vielen Problemen gearbeitet und auch an den Zwangsgedanken. Er musste und wollte ja schließlich irgendwann wieder zu seiner Arbeit, die er sehr liebte.

Den Anfang machte er in der Praxis eines Kollegen, weil ihm das weniger gefährlich erschien. Es war schwer, aber er hielt durch. Dann begann er wieder in der eigenen Praxis zu arbeiten, zuerst stundenweise, dann voll. Die Angst nahm allmählich ab, ging aber nicht ganz weg. So beschlossen wir, sie richtig herauszufordern.

Vor jedem Patientenkontakt sollte er eine Münze werfen. Fiel Kopf, so sprach er ganz normal: „Schön Sie zu sehen, Frau Sowieso, was kann ich für Sie tun?" Bei Zahl sollte er feststellen: „Donnerwetter, Donnerwetter …, Sie sehen aber gut aus" und dann normal weitermachen. Das war für ihn der Inbegriff des Wagemutes. Es ging einigermaßen gut.

Am zweiten Tag fiel wieder bei einem Patienten Zahl und Dr. Mumpel sagte seinen Spruch auf. Doch der Patient reagierte entsetzt. „Herr Doktor, wie können Sie so etwas sagen. Ich bin schrecklich erkältet, habe hohes Fieber und Schüttelfrost …!"

Doktor Mumpel zögerte einen Augenblick. Dann sah er den anderen ganz fest an, lächelte und sagte: „Ist ja auch kein Wunder. Bei dem … Miesewetter."

Serviceteil

Weiterführende Literatur – 168

Stichwortverzeichnis – 169

© Der/die Herausgeber bzw. der/die Autor(en), exklusiv lizenziert durch Springer-Verlag GmbH, DE, ein Teil von Springer Nature 2021
N. Hoffmann, B. Hofmann, *Wenn Zwänge das Leben einengen*,
https://doi.org/10.1007/978-3-662-62267-4

Weiterführende Literatur

Drosnin, M. (1987). *Howard Hughes. Der Mann, der Amerika kaufen wollte.* Berlin: Ullstein.

Ecker, W. (1999). *Die Krankheit des Zweifelns.* Lippstadt: Psychologische Lebenshilfe.

Hoffmann, N. (2013). *Zwänge und Depressionen. Pierre Janet und die Verhaltenstherapie* (2. Aufl.). Berlin: Springer.

Hoffmann, N., & Hofmann, B. (2002). Expositionen mit Anleitung zur Subjektkonstituierung. In W. Ecker (Hrsg.), *Die Behandlung von Zwängen* (S. 113–135). Bern: Huber.

Hoffmann, N., & Hofmann, B. (2018). *Expositionszentrierte Verhaltenstherapie bei Ängsten und Zwängen. Praxishandbuch* (S. 4). Weinheim: Beltz.

Hoffmann, N., & Hofmann, B. (2021). *Zwanghafte Persönlichkeitsstörung und Zwangserkrankungen. Therapie und Selbsthilfe* (2. Aufl.). Heidelberg: Springer.

Stichwortverzeichnis

A

Ablenkung 106
Abwehrseite des Zwangs 5
Aktivierung, innere 40
Alarmzustand 8
Allmachtsfantasie, negative 92
Angehörige 152, 159
Angst 35, 36, 67, 69, 72, 77, 90, 91, 94, 130, 132, 159
Angstauslöser 69
Animismus 57

B

Bedrohungsseite des Zwangs 5
Bedürfnis 25, 51, 95
Behandlung, stationäre 16
Berührungsangst und Waschzwang 66, 68
– Abwehrseite 69, 72
– Angstseite 68, 72
– Therapie 77
– Übungen 82
– Ursachen 75
Berührungsangst und Waschzwang
– Angstauslöser 69
Betätigung, körperliche 105

D

Denken, magisches 15, 120, 125
– Funktion 123
– Übungen 126
– zwei Denksysteme 121
Denk- und Verhaltensablauf 137
Depersonalisation 147
Depression 132, 147
Derealisation 147

E

Ehrlichkeit 137
Einheit der eigenen Person 26
– Übungen 26
Einstellung, hilfreiche innere 134
Ekel 67, 69, 72, 77, 79
Entscheidungsprotokoll 106
Entscheidungsschwierigkeit 106
Entscheidungstraining 106
Erleben innerer Zwänge 3

F

Fähigkeit 24
Fehldiagnose 10

G

Gefühl 25, 27, 39, 95, 148
– Übungen zum Fördern von 27
Gegengedanke und -bild 91
Gegenwelt des Bösen 66
Gegenzauber 91, 94, 120, 133
Gelassenheit 108
Genauigkeit 35
Gesamttherapieplan 81
Gewissen 93, 112, 114, 115, 118
– zwanghaft-skrupelhaftes 15, 113, 115
Gewissenskonflikt 87
Gleichgewicht des Schreckens 133
Grübeln 89, 102, 104, 106, 108
– zwanghaftes 15

H

Haltung
– innere 50
– zwiespältige 135
Hughes, Howard 57, 73, 75

I

Ich-Erleben 24
Ideenflucht 104

K

Kettenbildung 71, 76
Kompromiss mit dem Zwang 82
Konfrontation 96
Kontrolle 23, 32, 34, 36, 38, 39, 41, 42, 138
– als Abwehr 32
– Beurteilungskriterien 34
– Hilfsmittel 33, 39
Kontrollzwang 14, 23, 32, 35, 43
– Selbsthilfe 36
– Übungen 38
– Ursachen 35
Krankheitsangst 66, 69

Krankheitsbewusstsein Zwangskranker 130, 131
Krankheitsverlauf, typischer 159
Kritikempfindlichkeit 35

L

Langsamkeit, zwanghafte 15, 47
– Bereiche 47
– Übungen 50
– Ursachen 47
Lebensregel 116, 117
– differenzieren 116, 117
Leere, innere 52
Leistung 35

M

Medikament 17
Milieu, familiäres 35, 75
Muskel- und Atemübung 143

P

Partnertraining 51
Psychiatrie 2

R

Reizkonfrontation 77, 79
Ritual 124, 132, 159
Ritualbildung 73
Rollenspiel 27

S

Sammeln und Horten 62
– Übungen 62
Sammelzwang Siehe Sammeln und Horten 61
Sauberkeit 67, 76
Scham 112
Schmutz 66, 70, 76, 81
Schuld 93, 125
Schuldgefühl 35, 90, 112, 113, 117, 118
Schwierigkeit, Umgang mit 51
Selbstentfremdung 9
Selbsthilfe 11, 14, 36
– Grenzen 14
– Möglichkeiten 14
Selbsthilfegruppe 17
Selbsthilfemaßnahme
– Durchführung 15
Selbstkasteiung 113

Selbstüberwachung 8
Selbstvergleich mit Gesunden 134, 139
Selbstvorwurf 90, 112
Selbstzweifel 8
Sorge 89, 90
– um die Gesundheit 87
Spannkraft verbessern 143
Spürübung 143
Stärke 135
Stimmung-Gedanken-Spirale 93
Störgedanke 98
Strafe 93
Stress als Auslöser 76
Symptom der Zwangserkrankung 4

T

Therapiekosten 16
Therapie, stationäre 16
Tod 66, 69, 72, 122, 125, 152, 154, 159
Todessymbol 69, 91
Trick 131

U

Übung
– bei Berührungsängsten und Waschzwängen 82
– bei Kontrollzwängen 38
– bei magischem Denken 126
– bei Sammelzwängen 62
– bei zwanghafter Langsamkeit 50
– bei zwanghaft-skrupelhaftem Gewissen 117
– bei Zwangsgedanken 95
– bei Zwangsgrübeleien 104
– Körper- und Spürübungen 25
– zum Fördern von Gefühlen 27
– zum Ich-Erleben 24
– zur Verhaltenssteuerung 26
Umgang mit Betroffenen 159
Unglück 154
Unglückssymbol 120
Unheil 66, 69, 72, 90, 93
Unreinheit 70
Unvollständigkeitsgefühl 22, 34, 36, 41, 148
– Auslöser 22
– Symptome 22

V

Veränderungsmotivation 133
Verantwortung 35
Vergangenheit 61, 63, 104

Verhaltenssteuerung 26
– Übungen 26
Verhaltenstherapie 2, 11, 16, 145
Verheimlichung 10
Vermeidung
– aktive 33, 69
– passive 33, 69
Verstellung 10
Vertrauen zwischen Therapeut und Patient 81
Verzicht 131
Vollständigkeitsgefühl 20, 26

W

Warum-Fragen an den Zwang 140
Waschzwang 14
Wegwerfen 58
Wert 94, 95, 136
Wiederholung 92, 94
Wunsch 25

Z

Zeitdruck 46
Ziel 51, 83
Zukunft 63
Zwang
– Abwehrseite 5, 23
– allgem. Struktur 5, 6
– Bedrohungsseite 5, 23
Zwangsbefürchtung 4
Zwangsgedanke 4, 14, 86, 89, 93, 94, 97–99
– Inhalte 89
– Übungen 96
– Ursachen 93
Zwangsgrübelei 4, 102
– Übungen 104
– zentrale Merkmale 103
Zwangshandlung 5
Zwangsimpuls 5
Zwei-Bühnen-Modell 9

 **Springer** springer.com

Angela Schuh
Gisela Immich

Waldtherapie

Das Potenzial des Waldes für Ihre Gesundheit

SACHBUCH

Jetzt im Springer-Shop bestellen:
springer.com/978-3-662-59025-6

MIX
Papier aus verantwortungsvollen Quellen
Paper from responsible sources
FSC® C105338

If you have any concerns about our products,
you can contact us on
ProductSafety@springernature.com

In case Publisher is established outside the EU,
the EU authorized representative is:
**Springer Nature Customer Service Center GmbH
Europaplatz 3, 69115 Heidelberg, Germany**

Printed by Libri Plureos GmbH
in Hamburg, Germany